生きのびるための事務

マガジンハウス

私は実験によって、
少なくとも次のことを学んだ。
もしひとが、
みずからの夢の方向に自信をもって進み、
頭に思い描いたとおりの人生を生きようとつとめるならば、
ふだんは予想もしなかったほどの成功を収めることができる、
ということだ。

H.D. ソロー 著、飯田実 訳
『森の生活 ウォールデン』（岩波文庫）より

生きのびるための事務

漫画／道草晴子　原作／坂口恭平

はじめに
「ジムとの出会い」

こんにちは 坂口恭平です。もはや何を
やっている人なのか説明が難しいん
ですが、それも自分で選んだことです。

《収入源を一つに絞らない》、これは僕が
生きのびるために考え出した《方法》です。
本
音楽

作家として本を４０冊出版し、
画家として絵画の制作・販売をして、
APOLLON
音楽家としてもＣＤを５枚出しています。

昔から色んなことをやるのが好きでした。

しかし、無計画に好きなことを
思うままやって生きていくことは、
なかなかできません。

そこでどうしたか。
それが今回の
『生きのびるための事務』で
お話しすることです。

今は22歳の頃に夢想していた
好きでやりたいことだけを、
思うまま行動に移して
生きていく暮らしができています。

何をしたら実現したのか、
自分でも振り返ってみるために、
この講座を始めてみようと思います。

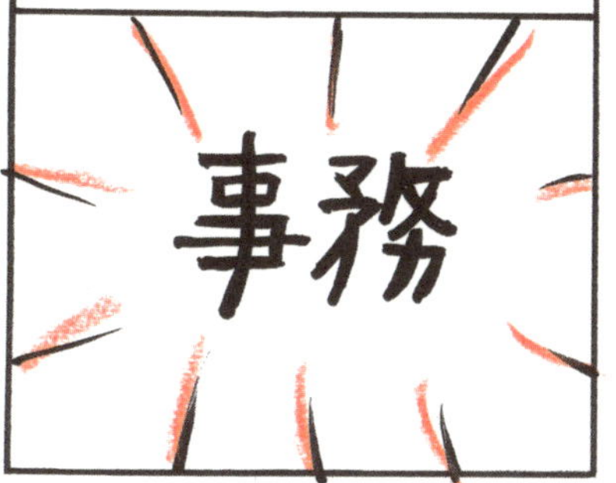
まず今回のメインテーマとなる
《事務》という言葉です。
事務

どんな人にも事務作業はあります。
僕はこの《事務》という作業が
とても好きなんですね。
『事務』

僕のように注意力散漫で、飽き性な人間は
放っておくと何をやろうとしていたのか
分からなくなり、混乱してしまいます。

だからこそ事務が重要だったのです。

僕の今の《仕事》は執筆、描画、
作曲などの創作活動です。

一方、《事務》とは
どんな作業を指すのでしょうか？

まず僕にとって一番重要な
《事務》は二つあります。

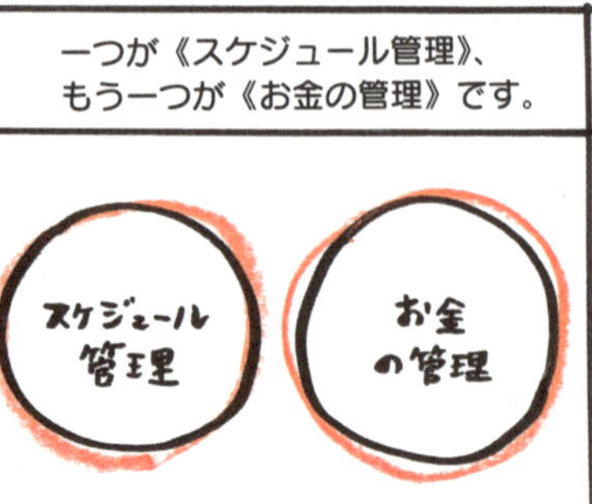
一つが《スケジュール管理》、
もう一つが《お金の管理》です。
スケジュール管理
お金の管理

これを徹底して目に見えるように
していくこと、これが重要です。

この《事務》とは、《創造行為》つまり
《仕事》と別個の作業ではありません。
創造
行為
事務

大切なのは《事務》こそが創造的な
仕事を支える原点だということです。
創造
事務
原点

それを伝えるために たとえ話として
僕の話をしてみましょう。

僕は大学を４年で卒業することが
決まっていました。

しかし、肌に合わないので
就職活動はしていませんでした。

大学首席の天才が就職!?
バカ言ってんじゃないよ！

誰かの命令を聞いて、やりたくないことまでして、その対価を貰うのだが、
どれだけ頑張ってもやった分だけ対価がもらえるわけでもなく、

昇給が頻繁にあるわけでもない。

それが僕の中での会社に就職して
働くというものでした。

これでは退屈すぎると
僕は感じていました。

しかし、就職以外に選択肢が
ないように思っていました。
だから絶望していたのです。

でも、不安だからといって
自分が進みたくない就職という道を
選ぶことはできませんでした。

それなら自分が進んでみたい
道とはなんだったのか？

それもそれで不明確でした。

でも、やってみたいことはありました。
頭の中にイメージはあるわけです。

ただ、具体的にどうやって形に
すればいいか分からずにいました。

ここで《事務》が登場するんですが、
僕は作家である前に、れっきとした
事務員である自覚があります。
作家
事務員

事務員である僕が、
イメージできることは全て
現実になるんだよ。ただ誰も
やってないだけ。
事務員
と言いました。

これはですね、何もしてない僕に
自分でツッコんでいる僕の言葉です。
これも事務員の仕事です。

僕はもともと無名なビッグマウス
でした。無名のビッグマウスって
恥ずかしいですよね。
歴史に
名を残す！
オレは
ビッグに
なる!!!

けど、事務員のほうの僕はそのことを
恥ずかしく感じていませんでした。
イメージがあるなら後はやるだけです。

こうして僕の中に事務員が入社
してきました。名前はジムです。

ハジメマシテ ワタシハ ジムです。

そしてジムがさっきの言葉を
僕に教えてくれたんです。

イメージできることは
全て現実になるんだよ。
ただ誰も
やってないだけ。

そんなわけで、ジムが僕に
教えてくれたことを書いて
いきたいと思います。ジムは、

頭に浮かんでいることは
誰しもが実現できるんだよ。
と、言いました。

でも僕は、ジムのことを他人に
話せずにいました。頭がおかしい
ヤツだと思われるからです。

するとジムが

人から頭がおかしいヤ
ツと思われたらいい。そうすれば
何をやっても頭がおかしいから
って許されます。お得ですよ。

と、言いました。

ジムは僕を決して笑いません。
いつも僕を励ましてくれます。

僕も次第にジムの言うことに
耳を傾けるようになり、

素直になればなるほど、ジムは
沢山のことを教えてくれました。

ジムは僕がイライラして
思ってもないことを言うと、

素直にならないと
何事もなしとげ
られないよ。
そうツッコんできます。

そんなわけで大学4年のとき、
就活もせず卒業だけ決まっていた

無名の僕は、ジムと出会うことに
なったのです。

第１講
「事務は『量』を整える」

大学４年生のとき、就職活動もせずに卒業だけは決まっていた無名の僕が、
事務員のジムと出会うところまではお話ししましたよね。

今回はそれからどうしたのかって話をします。実はけっこうスムーズだったんですよ。

ジムは希望的観測とかあまりしないんです。
むしろ最低だけ考えておくんだよ。
だからと言って悪くなると決まったわけでもない。

最低を考えておくと楽だからね。

ジムはなんというかボーッとしているんですよね。
こっちが焦ってもせかせかしないんです。

不安じゃないの？

フアンってなんですか？
?

ジムは帰国子女なのか外国籍なのか分からないんですけど、
フアン
キョウフ
ときどき日本語も知らず、フアンとかキョウフという言葉も分かりません。

そしてジムはジムのやりたいこと、つまり《事務》しかやらないんです。

でも僕は大学生で、《事務》のことなんて何も知らなかったんです。
事務？

だからジムには本当に助けてもらいました。どうやって助けてもらったかをこの講座でお話しします。

あー ヤバい。
どうしたんですか？

ジムはドラえもんみたいな感じで
同居しだしていました。
いつも焦っている僕に優しく声を
かけてきます。

何がヤバいんですか？

ジムは自分でお金を稼ごうという
気が一切なかったので、僕が
働くしかなかったんです。

ジムお前ね、俺は今２３歳の無職。
建築家になろうと早稲田大学の
建築学科入ったけど肌に合わなくて、
就職活動もしないで卒業して…

恭平さん、どこかに
就職したかったんですか？

そんなのあるわけないだろ、
会社なんかつまらんよ。

じゃあ就職活動してないのも
当たり前じゃないですか。

じゃあどうするんだよ。
えっ

これからどうするのか
計画たてないんですか？

俺は芸術家になろうと
しているわけよ。

芸術家なら計画が必要
ないんですか？

なんかイチイチ ムカつくなあ。
まあ芸術家だから破天荒なほうが
いいんじゃないの？

するとジムは、
恭平さんの《やり方》は
間違ってますよ。
どんな仕事にも事務員の仕事は必要なんです。
と言った。

例えば芸術家であるピカソが、直感
のままに生きてらっしゃるとでも
お思いですか？
picasso

違うの？

ピカソがキュビズムという、恐らく皆さんがピカソを思い浮かべた時に出てくる
前・後ろ・横から見た姿をいっぺんに取り込んだような絵が描けたのは、

それ以前に『バラ色の時代』という作品のシリーズで成功したからです。

それでコレクターに絵を売って
お金を獲得し、自由に恐怖心なく
新しい作風に挑戦できた。

写真家のブラッサイとの対談の中
でも、作りたい作品を作り続ける
ためにも、

成功が必要だと言ってます。

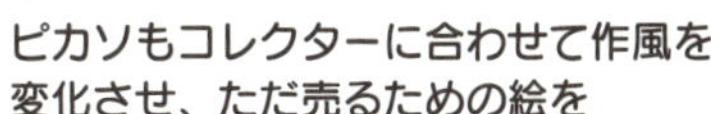

ピカソもコレクターに合わせて作風を
変化させ、ただ売るための絵を

山ほど描いて
生きのびていたのです。

現代の草間彌生（くさまやよい）先生だってそうです。
アウトサイダーな一面を押し出しては
いますが、

実は一般財団法人も組織してます。

このようにあらゆる芸術家は
どの人も事務員を雇っていますよ。

なんだよジム。お前、
突然もの知り顔になってきたな。

しかし
何やら有力な情報だね。

僕は少しずつジムに対して
敬意を持つようになっていました。
……….

それこそマルセル・デュシャンですよ。
DUCHAMP
ジムは僕の本棚に並んでいる
デュシャンの作品集を手にとった。

あなたの好きなこの芸術家は
どうやって生計を立てていたか
知っていますか？
DUCHAMP

え？　知らない。
絵を売ってたんじゃないの？

デュシャンは途中で絵を描くことも
やめて、その後 何も発表しないで
長年、大作に取り組んでいたんですが
別に大した金持ちでもありません。

やっていたのは、ブランクーシって
彫刻家 分かりますか？
Brâncuşi

ジムごめん、知らない…

ほんとに芸術家になりたいん
ですか？ 芸術家は無知では
なれませんよ。

そのブランクーシの彫刻の
画商をやってたんです。
DUCHAMP

デュシャンが？

あの便器を美術館に並べてた人が
彫刻家の画商をやって食べてたの？
DUCHAMP

はい。網膜的絵画作品を否定しつつ、
他の人のいい作品を金にして、
自分は謎めいた人物を演出して
いたのかもしれませんね。

このデュシャンの行為は
芸術家というよりも、
事務員の行為だった
可能性が高いです。

ジムの言葉は目からウロコでした。
僕は何かを作る人間に
……….
なりたいと思いつつ、どう実現
するかを、考えてなかったのです。

これはまずいと思い、ジムから
学ぶべきだと気持ちを
改めることにしたのです。

ジム、《やり方》を教えてくれ。

もちろんです。私には芸術のことは分かりませんが、あなたに《事務》の力が備われば
芸術家にだってなれるはずです。

じゃあまず何をやればいいの？

《事務》の仕事で重要なことは《スケジュール管理》と、
スケジュール管理
お金
《お金の管理》です。

スケジュールとお金の管理？
?

いまいちピンとこないなあ…
スケジュールとお金？
なんの関係があるの？

でもオレはジムのことを信頼
したわけで、ここは素直に聞くよ。

素直さはとても大切ですよ。
素直であればあるほど、
計画以上の楽しいことが起きます。

《スケジュール管理》と《お金の
管理》、どっちが気になりますか？
スケジュール管理
お金

まずは《お金》だね。

分かりました。じゃあ《お金》
について考えていきましょう。
お金

まずですね、月にいくら
必要ですか？

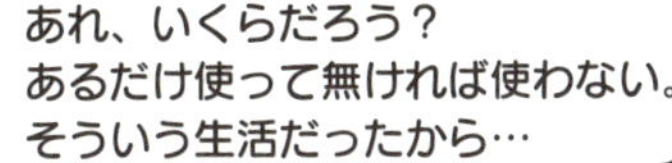

あれ、いくらだろう？
あるだけ使って無ければ使わない。
そういう生活だったから…

初心者ですから仕方ありません。
でも《お金》も《スケジュール》も
どちらも同じですが、目に見える
ようにしないと、見えてきませんよ。

まずは《量》を知るってことです。
この《量》
という世界を整えるのが、
今から私が教える《事務》
という職務なのです。

《事務》＝《量》を整える？
？

はい、まぁゆっくり進めていきま
しょう。まずはいくら必要かを
目に見えるようにしてみましょう。

家賃はいくらですか？

２８０００円だよ。高円寺駅徒歩８分
風呂トイレ無し４畳半の物件でね。
28000円
高円寺
とほ8分

東京のど真ん中で３００００円
切ってるのはいいと思いますよ。
他は何にお金使ってますか？

家計簿とかつけてないから
分かんないなあ。

家計簿なんか必要ないんです。細かく
やってたら事務の時間ばかり取られて
仕事にならないでしょう。

…ジムが教える《事務》は楽で
いいね。ちょっと書き出してみる。
と言うわけで僕は１ヶ月に使って
いるお金を紙に書くことにした。

坂口恭平(23歳)が一ヶ月
かかるお金の量

家賃	28000円
携帯代	7000円
食費	30000円
定期券	5000円 (高円寺〜新大久保)
奨学金	17000円
国民年金	17000円
光熱費	7000円
合計	111000円

なんにも買わなくても
１０万超えちゃうね…

これを全部払ってるんですか？

いや、年金と奨学金は適当に
ちびちび払ってて、健康保険だけ
しっかり払ってる。
奨学金
奨学金
保けん

じゃあ「奨学金返還猶予」と、「年金の
納付猶予」を申請しておきましょう。

猶予しておけば、もちろん
払ったことにはなりませんが
請求はされません。
しょうがく金

上手くいって余裕がでたら
払い始めればいいんです。

とりあえず今のうちに全部
申請しておきましょう。ちなみに
昨年、病院行きました？
病院

いや、病気と言っても風邪くらい
だから行ってないよ。

それなら健康保険は払わなきゃ
いいんですけどね。
なんとなくそれは怖いな。

まあじゃあオッケーでしょう。
ということで、奨学金と年金を
¥77000
猶予してもらうと
月７７０００円になりますね。

何も買ったり酒飲んだり
しなければね…

７７０００円ですと生活保護を
申請すると１０万円ですから、
77000円
100000円
=¥23000
そうすると２３０００円の物品が
購入できますよ。

なんか意外と優雅な生活だね。
一切働かなくてもいいんだもんね。
月に
23000円…

では生活保護の申請を
書いて提出してください。
生活保ご申せい

でも働こうかな体は動くし。

生活保護もらえば
創作に２４時間打ち込めるんですよ？
生活保ご申せい

ジムみたいに割り切って
生きていけたらいいけど、
体を動かしてたほうが
気持ち良さそうだから働くよ。

芸術家なのに意外と真面目ですね。
ジムが破天荒すぎるんだよ。

じゃあバイトは月８万円くらい
稼げればいいので、日給１万円の
仕事を８日やってください。
8万
日給
1万

はいよ。幕張で催し会場を作る
日雇いの仕事が２４時間丸一日で
日給３万円だから、それを
月に４回やろうかな。

恭平いいですよ、その調子。できる
だけ《労働》は切り詰めてください。
《仕事》に支障がでるので。

ということで僕はバイトの
面接を受けることにしました。
働きたいんですが
日雇いで

いつでも好きなときに電話すれば
翌週のバイトに入れるらしい。
バイトに入りたいとき電話してください

こうして速攻でお金の問題が
解決したんです。

解決と言っても支払いは猶予しているので後で払うわけですが、

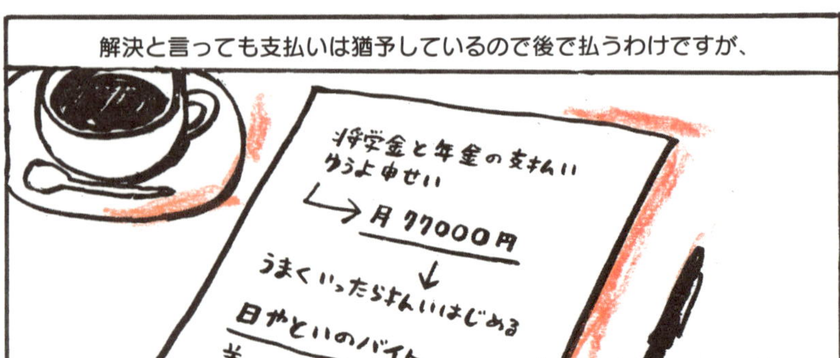

それでも後で払えばいいと決めたらスッキリしました。

バイトの時間を最小限にする
というジムの考え方にも励まされ
ました。それに紙に書くだけで

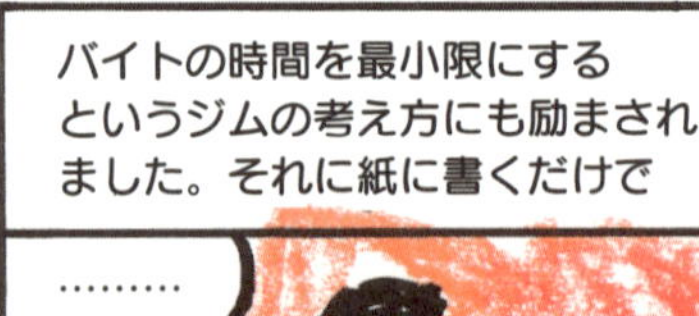

お金の《量》が目に見えて感じ
られて、心に余裕ができました。

お金はもともとかからない人なので
労働は切り詰めても、

問題は無いわけです。

それよりも徹底してやるべき
《仕事》に時間をかけること。

しかし、この時点では僕は
何を《仕事》にするのかすら

分かっていませんでした。

さて恭平、次は…

いつの間にか呼び捨てにされていましたが、気にしないことにしました。
………
ジムが少し頼れるヤツに
見えたからだと思います。

もう一つの要（かなめ）である
《スケジュール》を設定したいから、
ノートを１冊持ってきてください。

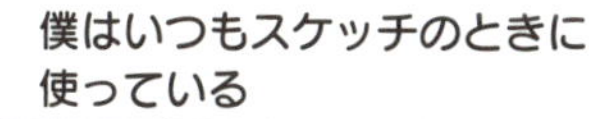
僕はいつもスケッチのときに
使っている

note
無地のノートを取り出しました。

じゃあ今からタイムスリップして
未来へ行きます。
ジムはバッグから白衣を取り出し
そう言いました。

Back to the Future しましょう。
BACK TOTHE
FUT URE
そしてジムは僕のノートの表紙を
ゆっくりとめくったのです。

第 2 講
「現実をノートに描く」

未来に行くための
タイムマシンが、
このノート
なんですよ。

ジムが僕の持っているノートを
めくりながら、そう言うんです。
白紙のノートをタイムマシンとか
言うのは絶対にキケンなヤツです。

ジムのことを信用し始めていた僕は、
この妄言を吐く
キ
リッ
ドラえもんのようなただの居候を、
キリッとにらみました。

《事務》っていうのは
家けいぼ
家計簿とか
やるんじゃないの？

そんなお花畑みたいなこと
言って、お前はただ
居候するのが目的
なんだろ。

ところがジムは僕が激昂しても
痛くも痒くもないような顔を
してるんです。

それならいいですよ。

そう言ってジムは寝転び
ながら黙って
漫画『シガテラ』を
読み始めました。

この暇人!!
僕はつい文句を
言ってしまいました。

そりゃそうです。僕は２３歳。
大学を卒業したのに まだ仕事も
決まってない無職の人間です。

そもそも親も大学に行ったら就職
するもんだと思っており、
総スカンをくらって
誰にも相談できない身です。

しかも僕は自慢じゃないんですけど、大学の卒論は

路上生活者を調査した大作で一等をもらっています。

それなのに大学院も行かず、

就職もしてないんです。

実は試験が苦手でした。なので

どこも受けられなかったんです。

怖かったのかもしれません。

でも、時間だけは経過していきます。

こうして大学卒業後の春、僕は晴れて財布に９０００円しか入ってない

無職なヤツになってしまったわけです。

ぶっちゃけますと、ただひたすらに不安でした。

そんな不安な僕の家に、ジムは１円も払わずに居候しています。

しかも料理もしません。

両親から
お金は振り込まれませんが、

お米は定期的に送って
もらっていました。

炊きたての新米の上からコンビニで買ったシーチキンをのせて、
マヨネーズをかけて粗挽き胡椒（あらびこしょう）、

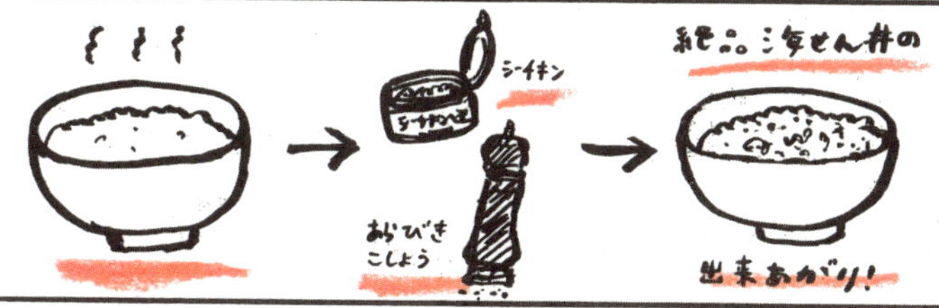

この胡椒だけは料理家が使うようなやつを駆使することで、ミシュラン
１つ星も夢じゃない絶品シーチキン海鮮丼ができあがるのです。

それをジムも当然のように
食べてるんですよ。

『シガテラ』を読みながら。

そしてトボけた顔で、

と言いました。

は？ 仕事？
なんの仕事をしているんだよ。

そしてなんで仕事してるのに無職のオレがお前の
世話までしなくちゃならないんだよ。

確かに、それはそうですね。

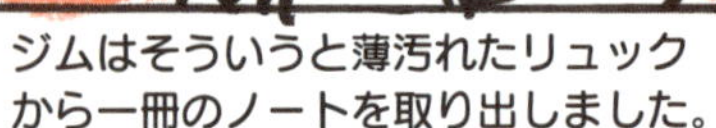
ジムはそういうと薄汚れたリュックから一冊のノートを取り出しました。

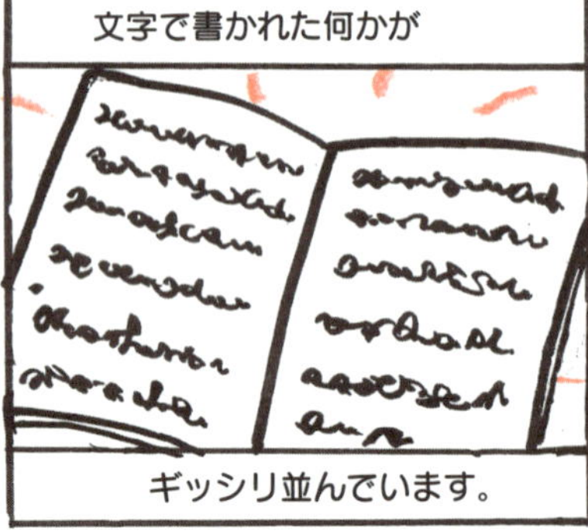
中には英語の筆記体のような文字で書かれた何かが
ギッシリ並んでいます。

ジム、お前大丈夫か？
何か病気でも抱えてるのか？

よく映画とかに出てきそうな精神病院に幽閉され、
妄想を文字にしている浮浪者のノートのようでした。

私はむっちゃ健康ですよ。

病院紹介しようか？

お気づかいありがとうございます。
でも私は健康そのものです。
病院にも行ったことがありません。

それに実家はお金が無かったので
健康保険を払ってませんでした。
ほけん証
でも問題ありません。病気
したことが一回も無いので。

ジムの過去について少し気になり
ましたが、今はまだ聞かないことに
……….
しました。大変な人生だったの
かもしれません。

うちの おじいちゃんが
変わった人で、なんでも
おじいちゃん
実験する人だったんです。

もちろんお金がなかったというのも
あったと思いますが、うちには

お風呂がありませんでした。理由は
お風呂に入ると病気になるからと。

お風呂に入る動物はいません。
だから おじいちゃんもずっと

お風呂に入らなかったんです。その
かわりよく手で体を拭いていました。

においがするときは香水を
つけたらいいと教わりました。

香水をデパートで試しにつけさせて
もらって、買わずに帰るんです。

手は絶対に洗いません。

私たちは手を洗うと
風邪になると信じていたからです。

お陰で風邪で学校を
休んだことはありません。

学校を休むときは、休んでも
やりたいことがあるときだけです。

迷いのない言い方に信じそうになります。

ジムはどうやら最高レベルの
貧乏家庭で育ったようです。

なんだか泣けてきますし、
僕は変な勇気まで
…………
湧いてきました。

で、このノートはなんなの？

これはですね、
論文ですね。

私は《事務》についての研究を
ずっと重ねているんです。
生きのびる
ための事務

それもまた、おじいちゃんからの
言いつけを守ってやってることです。

どんな言いつけなのよ。

おじいちゃんは何かができるように
なるための努力は無駄だから、
おじいちゃん
一切するなと言いました。努力が
必要なことはしなくていいことだと。

おじいちゃん、ヤバすぎだろ。
風呂も入んないし。

そうなんですよね。おじいちゃんが
優しい人だったお陰で、
ちっとも卑屈にならずに
すくすくと育つことができました。

とにかく無駄な努力をするなと
言うんです。好きなことだったら
ほっといてもどんどん上手く
なるから、それだけやれと。

で、ジムが好きだったことが
《事務》だったの？

それが《事務》だと分かったのは、
大きくなってからです。
おじいちゃんはお金を使わない人生
を徹底して考えた人で、かわりに私が
全ての管理を徹底してやりました。

おじいちゃんはご飯も
ほとんど食べていませんでした。
ごはん

えっ、断食？

いや、食べられる野草を
たとえ人の庭だろうと
もぎ取って食べてました。

それ、今だと犯罪になるね。

いえいえ。おじいちゃんは人に好か
れる人でしたし、正直な人でした。

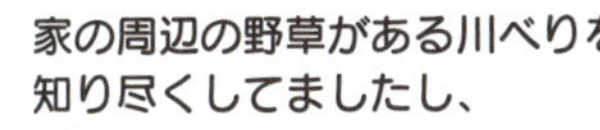
家の周辺の野草がある川べりを
知り尽くしてましたし、

果物の実がなる家の植木屋さん
みたいな仕事もやってましたから、
食べ放題です。

晩年は小学校や中学校に呼ばれて『災害時の野草と果物たち』
こんにちは。
『災害時の野草と果物たち』
という題目で、無償で講演もしていました。

なんか偉いおじいちゃんだねえ。
そんなおじいちゃんが
今の時代にいないことを憂うよ。

だからおじいちゃんが
言った言葉は全て
書き残しています。

私はおじいちゃんが放置していた
家計やスケジュールの管理、日報、

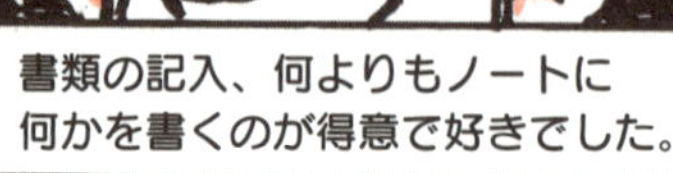
書類の記入、何よりもノートに
何かを書くのが得意で好きでした。

そんな僕のことを
おじいちゃんは作家だと呼びます。

で、そのノートは？

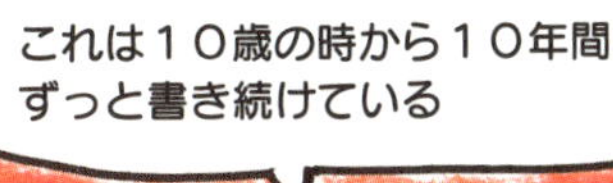
これは１０歳の時から１０年間
ずっと書き続けている

生きのびる
ための事務
『生きのびるための事務』という
論文です。これが３０冊目です。

ジム、作家だったんだ。
はい、そうです。

え、出版されてるの？
それでお金を稼いで
いるの？

いえ、そういうことは
得意じゃないのでやってません。
キッ
パリ

それで俺の家にいるわけか。
そういうことになりますね。

で、そもそもなんの
話をしているんだっけ？

ノートですよ。

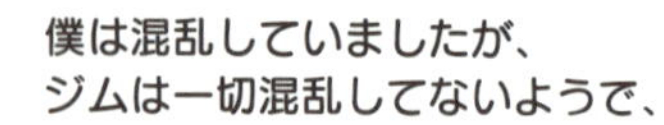
僕は混乱していましたが、
ジムは一切混乱してないようで、

話はすんなりと《事務》に
戻ってきました。

そうだそうだ。
BACK TO
THE FUTURE
ノートで未来に行くとか、
バック・トゥ・ザ・フューチャーとか。

はい、そうです。ノートは
タイムマシンなんです。
Note
ノートには未来が描けるんです。

ノートじゃなくても未来は
描けるんじゃないの？

いや、無理だと思います。
試してみます？

やってみよう。

じゃあ１０年後からいきましょう。
赤平、あなたは１０年後
10年後
何をしていますか？

１０年後？　うーん
何してるんだろう？
俺も実は作家になりたいと
思ってるんだよ。

それで今、未来のあなたは作家に
なってるのが見えますか？
うーん、見えないな。
なってる風でしかない。

ほら、未来はノートにしか
描けないんです。

なんだよ、こんがらがってきたよ。
ジム、分かったよ。もっと
分かりやすく説明してくれ。

1回1回、
私を試すからいけないんですよ。
もっと素直に
私の言葉を聞いてください。

ジムのその言葉が、なーんか
突き刺さったんですよね。

確かに僕はジムのことを疑って
ばかりいました。ジムの話を信じた
………
わけではないですが、一旦言い返す
のをやめることにしました。

じゃあまず現実を描いてみましょう。
12
9
3
1日の現実

オッケー、やってみる。

ノートを開いて、
まず日付を
書いてください。

２００１年４月１３日と。

ではノートいっぱいに正円を
描いてみてください。
まん丸を描くのね。

では、今の時間から
２４時間遡ってもらいます。

今が午後４時だから、４月１２日の
午後４時に遡るってことだね。
PM4:00

何をしてましたか？
ぶらぶら高円寺の古本屋で
午後６時まで立ち読みしてた。

それから腹が減ってシーチキン丼を
食べて、銭湯行って、午後8時から

マイルスのアルバム聴き比べしてた。

午前0時に寝て、5時に起床。
午前9時まで本を読んだり、

画集を開いたりしてたかな。

その後、みんなが会社に行く時間に
なんにもしてないと不安になるから、

出勤する人みたいに電車に乗ってさ。

好きなところで降りて気になる風景
の写真を午後1時くらいまで撮って、

その写真を見ながら絵を描いて、

その後はギターを弾きながら売れも
しない歌を作る。ま、楽しいから

いいんだけど。それで午後4時だね。

ジムが言った通り、確かに今の
僕の現実が描き出されていました。

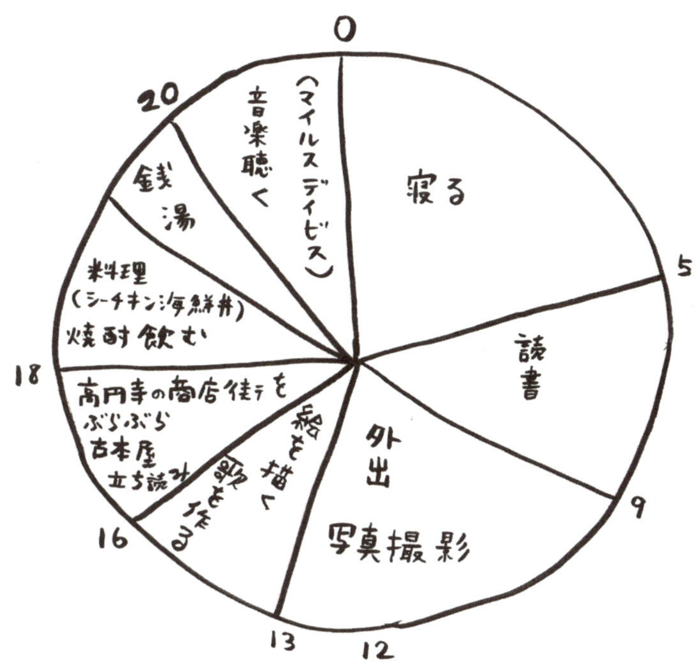
2001年 4月13日
0
5
9
12
13
16
18
20
寝る
読書
外出
写真撮影
絵を描く
歌を作る
高円寺の商店街をぶらぶら
古本屋立ち読み
料理（シーチキン海鮮丼）
焼酎飲む
銭湯
音楽聴く（マイルスデイビス）

これが今のあなたです。

なるほど。簡単だけどこうやって
現実で何をしていたのかって
厳密に考えたことなかったかも。

考えても無駄です。
すぐ忘れてしまいます。
現実もノートにしか描けません。

なんか面白くなってきた。

いい調子です。では下に
所持金９０００円ていうのも
9000円
書き足しておきましょう。

僕はこの時点でとても素直に
なっていたんだと思います。
楽しいことがもともと好きですから、
楽しければ素直に聞きます。

ジムに対して素直に接すると、不思議なくらい彼が
分かりやすく話をしていることに気がつきました。

あなたはどんな人ですか？と、聞かれたら
このノートを差し出せばいいんです。

言っていることが良く分かるよ。

よろしい、では次にいきましょう。
もう１０年後の未来の描き方は分かりますね？

ラジャー。同じようにどんな時間を過ごしているかを、この円の中で
具体的に書くってことだね。

もの分かりが良くなってきましたね。
では、始めましょう。

第3講
「未来の現実をノートに描く」

10年後の自分の、ある1日の
様子を書くってことだよね？

僕はそうジムに聞きました。

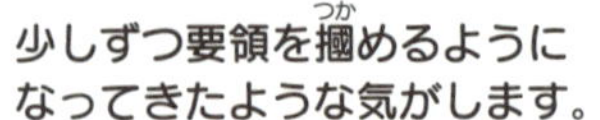

少しずつ要領を掴(つか)めるように
なってきたような気がします。

なるほどです。

確かに僕は自分の現実のことを
知っていました。

でも、ぼんやりです。

毎日毎月いくらお金がかかっている
のか、それを数字で明確に知ろうと

ほとんどしてなかったのですから
驚きです。

それでどうやって生きてきたん
だろうとすら今は思っちゃってます。

ジムの思うツボなんでしょう。

今の今、僕がどのような時間を
過ごしているのかなんて、

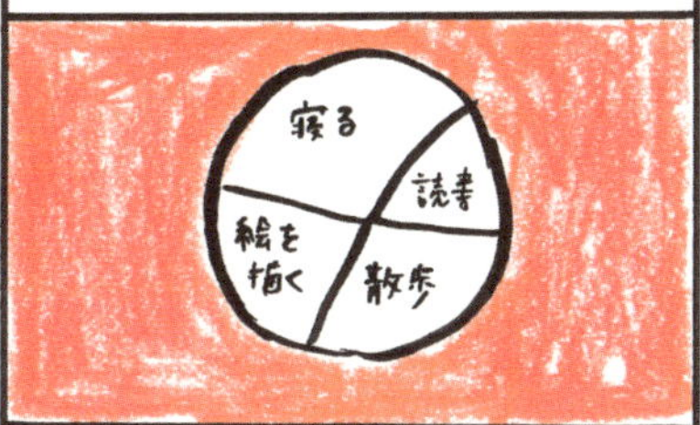

おそらく一度もノートに
書き記したことはありません。

何日に何をするのかは書いていたん
です。でも１日のうちで２４時間を

どのように割り振って生きている
のか考えたことがありませんでした。

そんな調子で仕事ができる
でしょうか？

確かにバイトであれば問題
ないのかもしれません。

何時に何をするってことが
それなりに決まっているし、

僕もいつでもそれを書き記す
ことができたでしょう。

とは言っても、２３歳の僕は
これまでほとんど

バイトすらやったことが
ありませんでした。

でも、ちょっと思い出しました。
僕は実は働いていたということを。

なぜ忘れていたかというと、
バイトではなく無償だったからです。

僕は建築家になりたくて早稲田大学
理工学部建築学科に入学したのですが、

まず現場を経験したほうがいいと思い、
大工さんのところで丁稚（でっち）奉公すること
を思いついたんです。

しかし大工の求人など、
どこにも出ていないんです。

それでどうしたかというと、当時はまだ
タウンページ、イエローページという電話帳があったんですが

そこに職業別で電話番号がずらりと並んでいたんですね。

それをただ、あいうえお順に
上から下に順番に

電話してみることにしたんです。

しかし、不況で大変な時代
だったみたいです。

どこも断られました。
でも僕はめげなかったんです。

それで１００人くらい電話して
一人だけ大工さんが見つかったのよ。

笠井さんって人で、ぶっきらぼうな
江戸っ子なんだけど、
かさいさん夫婦
子供ができなくて６３才まで夫婦
二人だけで暮らしてて。

今まで丁稚もとったことなくて、
寂しいからか、建設中の家に
迷いこんだハトに、
ハトコって名前をつけて
大切に育ててる優しい人だった。

もちろん無償でいいです。
そのかわり現場で、
バリバリ使ってくださいって
お願いしたよ。

いい流れです。
無償で働くってことは
何も酷いことばかりじゃなくて
アドバンテージにもなります。

自分の思ったように知りたい現場に
遠慮なく入っていけますからね。
道具も全部もらったしね。

それでなぜ
大工を思い出したんですか？
あれ、なんでだっけな。

まあ、でも大工を見つける段階でも
すでに事務の萌芽（ほうが）が見えてきてます。
恐れず素直に明るく
進められたんですね。

あ、そうだ、《段取り》だ！

なるほど、いいところに目が
つきましたね。

だって笠井さんが本当にすごい
大工さんでね。いっつも仕事場に
入る前にやるのが、
段どり
《段取り》だったんだよ。

能力のある大工さんはみんな
《段取り》能力、つまり《事務》の
能力が半端ないですからね。

そうなのよ。家の設計も笠井さん
全部できるんだけど、

やっぱり仕事とってくるのは
建築家なわけじゃん。

建築家のほうがアイデアマン
だって、みんな言うけど、

現場知らずにアイデアだけ出されて
も全然使えないわけよ。

笠井さんはその点、建築家よりも
頭が良くて、その爪を隠して

建築家に文句も言わず、
黙って言われた仕事をこなしてた。

でも本当のことはその車の中で
朝一番、全部言ってくれたわけ。

それが仕事の《段取り》だった。

そうすると動きもよくなるし、
何よりも仕事をすぐに覚えるんだよ。

真っ暗な道を歩くより、懐中電灯が
あった方が迷わないし、地図を
渡されたら迷わないですからね。

それだけで仕事がとても
楽になります。

ある日、住宅の基礎部分作るために
コンクリート流し込んでる業者を見て
もうやめろよ!!
オレ、怒ったことがあるんだよ。

丁稚奉公で何も知らないオレがだよ。
でも、つい心が苦しくなって。
私は好きですよ。
そういう素直な態度が。

だって本当は大工にやらせたら、
石の上に木を立てるだけで
家ができるんだぜ。なのにこんな
ルール（建築基準法）があるのは
おかしいと思ったんだよ。

すると笠井さんがさ、
怒るかと思うじゃん。
えっ、怒らなかったんですか？

もちろん黙ってオレを引っ張って、
仕事に連れ戻したよ。

でも、その日の帰りに
車の中に入った途端、
お前、面白いよ。

いつかお前が総理大臣になって
ルールを変えたら、オレだって
自分の経験のままに
家を建てられるようになる
かもしれないな。

お前、いつか総理大臣になれ。
って、言ってくれたんだよ。

だからいつか、総理大臣になるって
２０歳の時に決めたんだよ。

うう…私はその手の話に弱くて…
きっといつかなれますよ。
なんてったって、あなたは
気持ちのいい男である笠井さんの
息子みたいなものなんですから。

で、なんだっけ？
ですから、１０年後の
赤平の１日の動きを…

そうだそうだ。夢を抱くんじゃなく、
１日の動きを時間ごとに割り振って
段取りみたいに考えてみる。
そして僕はようやくノートをめくった。

何時に起きたいですか？

朝５時には起きたいね。
朝から好きなことをやってると
マジで幸せな気持ちに
なるからね。

《将来の現実》に楽しくないことは
１秒も入れないでくださいね。
5:00
で、朝５時に起きて
何をしたいですか？

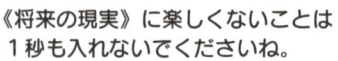

オレ、作家になって
原稿を書きたい。
じゃあ朝５時に起きて執筆しま
しょう。朝ご飯は食べますか？

時間がもったいないから食べずに
やる。朝９時に仕事が終わってると
なんか気持ちいいな。
そんでタバコ吸いながらコーヒー
飲んで寝転がって読書したい。

どこのコーヒーですか？

オレの友達で、ブラジルに行って農場
のヤツと仲良くなって、そこが一番
美味しいコーヒー豆だって言って、

取り寄せて焙煎をフライパンで
やってるホセってヤツがいるのよ。

ホセは店とか全然持てない
貧乏なヤツなんだけど、

周りの仲間が定期購入してるから
仕入れるお金だけはいつも持ってて。

それで全国フラフラしながら焙煎して
喫茶店に豆売って暮らしてる。

オレもホセの豆を買ってるんだけど、
１０年後も飲んでいたいな。

いいですね、そうやって細部まで
具体的に決めることが大事です。

じゃあホセのコーヒーは
いくらですか？

ホセの豆は１杯１００円なの。
１日２杯で月６０００円かな。

具体的なお金の金額も入れておくと、
《将来の現実》が《現実》により近く
なっていきます。

９時から１０時までの１時間、
ホセのコーヒー飲みながら

ゆっくり休憩。

その後は絵を描きたいな。
どんな絵ですか？

今は細かい絵を描いてるんだけど、写真を撮影したものを色鉛筆画で描くのも楽しいし、
色んな絵を描きたい。

じゃあ10時から12時までは絵を描くってことにしましょう。
10:00
12:00

お昼ご飯の時間は必要ですか？
いや、散歩しながらコンビニでおにぎり買いつつ次の構想練りたい。

その次は音楽だね、曲を作りたい。
音楽の時間はどれくらい？

意外と曲作るの時間かかるから4時間くらいかな。
はい、これでもう午後5時までできました。

その後はお風呂入りたい。
その頃はきっと銭湯じゃなくて
家の風呂かな。

5時から早風呂ですね。
気持ちよさそう。
基本は全部気持ちいいこと
だけにしてください。

でも、これで
お金稼げてるんかなあ。
どうしますか？
そういう作業とか入れます？

どうなるか分からないけど、
今の感触では連載原稿とか
そういうことはありうるかも。
ビジネスワークあったほうが安心かな。

午後5時から7時までは
依頼仕事をやるってことで、
それで1日の仕事は終わり！
あとはゆっくりご飯食べて
夜9時には寝ちゃおうかな。

で、また翌日の朝5時まで
8時間の睡眠をとる。
これで完成！

2011年 4月13日

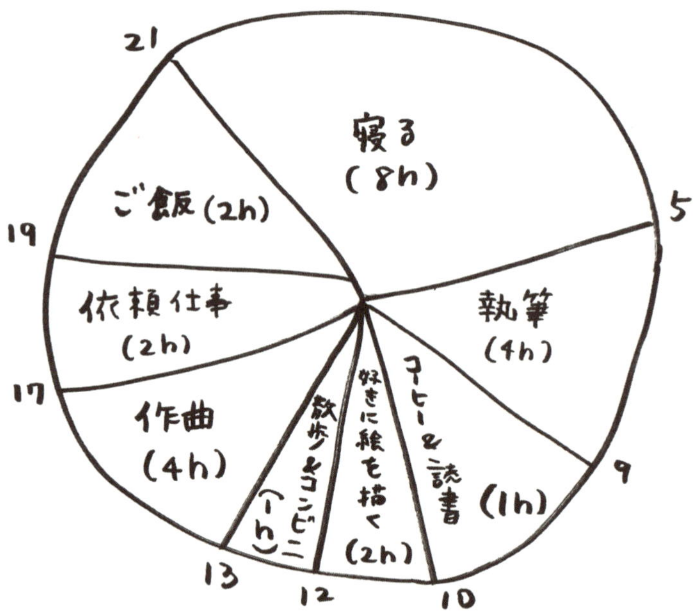
21
寝る
(8h)
5
ご飯(2h)
19
依頼仕事
(2h)
執筆
(4h)
17
作曲
(4h)
散歩&コンビニ
(1h)
好きに絵を描く
(2h)
コーヒー&読書
(1h)
9
13
12
10

将来の夢とか、マジでどうでも
いいの分かります？

分かる分かる。もう分かったよ。
将来の夢だけ見てちゃね。
現実
夢
《将来の夢》の前に、
《将来の現実》があるんだから。

《将来の現実》も分からないまま
夢ばっかり追いかけてたから、
ふわふわして何も手につかないし、
路頭に迷っていたわけね。

《将来の夢》だとふわふわするけど、
《将来の現実》はこのようになります
ってことだったら、
ノートに描いて
簡単に示せるね。

これはすごいことなんじゃ
ないの、ジム？

でも一度やれば、
なんでこんな当たり前のことが、
って思いますよね？

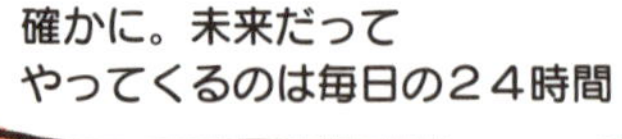
確かに。未来だって
やってくるのは毎日の２４時間

24h
という現実だもんね。

そうです。恭平もこれからは
作家になりたいなんて口走る
のではなく、毎朝５時に起きて、
９時まで原稿を書き続けたい
と、言えばいいんです。

作家になるって、そういうことです。
本を書いてお金を稼ぐことじゃ
ありません。それは断じて違います。

だってジムも『こち亀』に
負けないくらい書き続けてきた
作家だもんね。

はい、そうです。１円も稼いで
ませんがね。でも幸せなんです。
私はやりたいことだけやっていて、
それで何一つ困ってないんですから。

最高じゃんジム。
恭平もそうなります。将来の現実の
ヴィジョンがはっきりしてますから。

現実がはっきり見えないのに、
夢なんか見えるわけないもんね。
将来の夢が分かんないって人、
周りに多いんだよ、だから
就職するんだって。

《将来の現実》が見えてない以上、
その仕事を上手く発展させていく
なんてことは、できないでしょう。
間違いの始まりですね。

彼らにも将来の２４時間で
何をしてるのかを描いてみなよ
って、
24h
教えてあげたらいいんだね。

そうです。自分が知っていること、
助かったことを人に教えてあげると
さらに上手くいきます。
《事務》は成長するんです。

成長？

はい。あなたが作品を作り続けて
いったら、技術はきっと伸びる
でしょう。

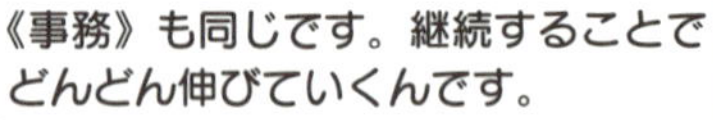
《事務》も同じです。継続することで
どんどん伸びていくんです。

それこそ今の段階で描けなかった
《将来の現実》も描けるようになります。

それこそ、《将来の夢》も！

もちろんです。《将来の夢》も
あなどってはいけません。

《将来の現実》が《現在の現実》に
しっかり根付いてきたら、次は
現実
夢
《将来の夢》へ向かっていくんです。

《現実》と《夢》、この二つが揃って
こそ、我々の生きている人生です。
そのためにもまずは、
現実
夢
《現実》を味方につけましょう。

とても分かりやすいよジム。

さて恭平、まず《事務》で最も重要な
二つのこと、《お金》についてと、
お金
スケジュール
管理
現在と未来の《スケジュール管理》
について、お話ししました。

恭平、あなたはとても
上手くやってますよ。
あ、一つ忘れてました。

１０年後のあなたは
年収いくらくらいですか？

えっ？

今はいくらくらいでしたっけ？

今は仕送りが途絶えたばかり
だから０円だよ。
0円
月12万
144万
予定としては幕張のバイトで
月１２万円だから１４４万かな。

で、１０年後は？

１０００万円あったら
嬉しいな。
安心できるだろうな。

直感に従いましょう。あなたは自分
が創作した文章、絵、歌をもとに、
絵
歌
1000
万
１０００万円稼いでいたいと
思ったわけです。

あとはノートに描いた１０年後の
現実で１０００万稼げてればいい。
事務
ここでまた《事務》が
登場するわけです。

そのためにどうすればいいか、
今からやってみたいと思います。

今日までは初期設定の話でした。
さて、そろそろ
実践作業に移りましょう。

なんだか、
楽しくなってきたなあ。
これからもっと
楽しくなりますよ。

ヤバいな、これ本にしたら
売れるんじゃないの？

私は売ることに関心がないので
いつかあなたが将来、
生きのびる
ための事務
『生きのびるための事務』って
本を書けばいいんですよ。

なるほど、それもまた
《将来の現実》の一つになるね。

もちろん。
それが私の夢でもあるんです。

山田（やまだ）くん、
ジムに座布団１０枚あげて！

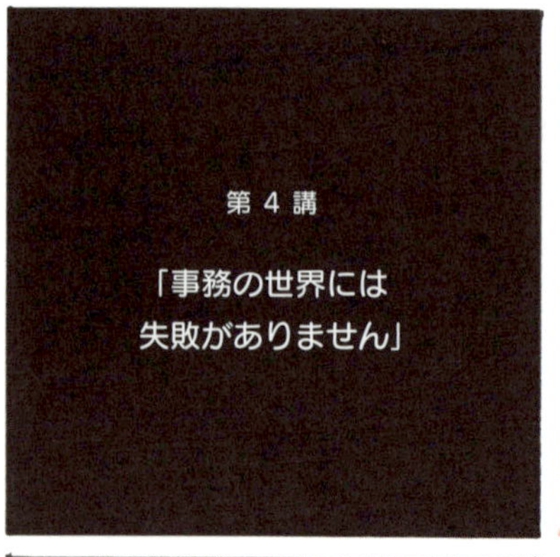
第４講
「事務の世界には
失敗がありません」

さて、１０年後の《将来の現実》
が見えてきましたね。

ほんとびっくりだね。《将来の夢》
だとぼんやりしてるのに、
《将来の現実》になると
はっきりしてくる。

自分でも容易に想像できるよ。
仕事をしてる
１０年後の自分の姿が。

素晴らしいことです。そうやって
イメージを具体的にしていくことが
《事務》にはとても大切なのです。

《事務》っていうと、もう少し
お堅いイメージだったけどね。
ジムが教えてくれる《事務》は
なんだか自由を感じるよ。

１０年後の年収は
１０００万円でしたよね。
そうだね、１０００万
いってたら嬉しいな。

では１０００万円の
内訳に入りましょう。
いいね、《事務》っぽい。

はい。１０００万円を
どうやって稼いでいるのか
1000万
イメージしてみてください。

うーん…、１０００万円なんか
稼いだことないからな…
オレは今のところ一度も
作品を売ったことがないし…

あっ ジム！
どうしました？

オレ、小学５年生の時
作品を売ったことがあった！

当時、サンリオっていうメーカーが
作ってる文房具が好きでね。
『みんなのたあ坊』ってキャラクター
がいて、それが傑作でさ。

自分もキャラクター商品を
作ってみたいと思ったのよ。

コピー用紙に色鉛筆で罫線を引いて、
下の方にキリギリスを主人公にしたキャラクターを描いてさ。
既成の封筒を分解して構造を学んで、お手製の封筒まで作ってみてね。
それを透明のＯＰＰ袋に入れたら、自分でもレターセットが作れたのよ。

それを１セット５０円でクラスの
女の子たちに売ったことがある。

素晴らしい！　もうすでに《事務》を
やっていたってことですよ。

じゃあその調子で、
自分が何をどれだけ売れば
1000万
1０００万円になるかを
イメージすればいいんですよ。

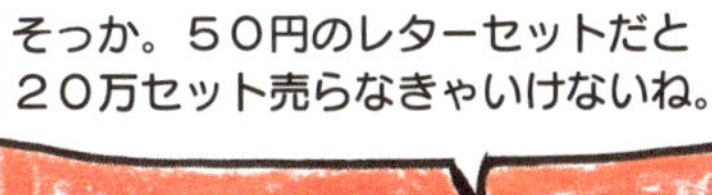

そっか。５０円のレターセットだと
２０万セット売らなきゃいけないね。

50円
×
200000セット
＝
1000万
それはちょっと大変だ。

もう少し値段を上げて
いきたいですね。

例えば朝書いてる執筆原稿が
本になったとしたら、

１冊１５００円だとして、６６６６冊
売れば１０００万円になる。

いいですね、具体的な数字です。
けど、たいてい本の著者印税は
印税
10%
１０％くらいだって
聞いたことがあります。

そうすると１冊１５０円しか
入ってこないのか…それだと
６万部売らなきゃいけない。

イメージできますか？
６０００部は売れそうな気がする。けど６万部だと売れても１、２回って感じかな。

そうすると１冊で１００万円くらいしか入ってこないですね。
100万
でも、イメージが暴走してないのはいい流れです。

自費で出版してる感触はありますか？
うーん、自力で出版するとなると本を作るお金が必要なわけじゃん。

そのお金が１０年後にはまだ無いと思うんだよね。
だから出版社に任せちゃうと思う。

でも年収１０００万円を超えてくると、考えられそうですね。

それはあり得るね。《将来の現実》が１０年後に《現実》になっていれば、
自費で本を出版する《将来の現実》も描けそう。

こうやって《将来の現実》を具体化して
いくと、徐々に成長していくことも
計算に入れられるようになって、
より先の現実が見えるようになるね。

それが《事務》の
いいところなんです。

《事務》とは抽象的なイメージを
数字や文字に置き換えて、
《具体的な値や計画》として
見える形にする技術です。
文字
数字
その《具体的さ》というものには
命が宿るんですよね。

命あるものですから、
当然のようにその瞬間から
成長を始めるんです。

《事務》も人間も、植物と同じように
成長するんです。
成長

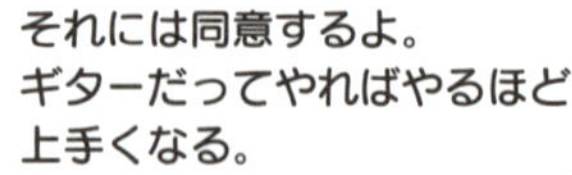
それには同意するよ。
ギターだってやればやるほど
上手くなる。

ギター
やればやるほど下手になるって
ことは、ほとんどないと思うよ。

でもね…
どうしました？

オレの母ちゃんがさ…

応援してくれ
ないんですか？

いや根本的には応援してくれてる
と思うよ。でもさ、作家として
就職しろ
生きていくなんて自殺行為だ、失敗
するから就職しろ！って言うわけよ。

あんまり母ちゃんから
そう突っ込まれると、
弱気になる時もあるのよね…

ジム、もし失敗したらってことは
勘定に入れないの？

失敗ってのは何が失敗なんですか？
皆さん失敗、失敗と言いますが
失敗の中身があまりに
抽象的すぎませんか？

例えば私は本を書き続けてますが、
出版されてません。稼ぎがない。
いや…
赤平の中では
これが失敗だと思いますか？

私はお金を持ったことも稼いだこともないし、
そもそも定職についたことがありません。
でも、私は失敗したことがないんです。
《事務》の世界には失敗がないんです！

え、《事務》は失敗がない？
？
失敗しないように
《事務》をやるんじゃないの？

そんなチマチマした考えやめて
ください。ダサいですよ。

確かに…。でも母ちゃんの言ってることも分かるなと思っちゃうのは、
自信が無いからなのかな？

《自信》なんか全く不要です。例えば私は好きなことだけを
ただ楽しく書き続けています。それが重要なんです。

《好き》は《自信》を凌駕する。《自信》はなくなると作業が止まりますが、
好き＞自信
《好き》は止まりません。

つまり、《事務》の世界で確認することはただ一つ、
あなたが継続していきたいことが、本当に《好き》かどうかです。

《好き》で作業を継続している者は、《失敗》なんか問う必要もありません。
《失敗》は他者が下す評価です。

他者は無責任に、安直に《失敗》を口にします。
そんな評価は無視するに限ります。

いくってことしか言わないよね。
だからその忠告はとても
嬉しいし、参考になる。

上手くいったことがある人が、
こうすると上手くいくから
こうしたらいいよって伝える。

これが
《教える》ってことです。

自転車に乗ったことがない人から
自転車に乗ることを学べますか？
無理やね。

こうするとコケる、失敗するから
自転車に乗るなっていう人から
何かを学べると思いますか？
いや、その人はただの退屈な人
だから、一緒にいて面白くないね。

《教える》とはそういうことです。
全ては自転車に乗った時のことを
思い出したらいい。
自転車

あの適度に危険なのに、
一度乗れたら
失敗を恐れていたことを忘れて
しまうくらい自然と乗れる自転車。

さて、先に進めていきましょう。
１０年後のあなたは稼ぐために
出版してないといけません。

１万部は売れてますか？

１万部までならなんとなく見える。
１０万部は見えてないね。
1万部
ベースは１万部で考えていきたい。

具体的で素晴らしいです。
１５００円の本を１冊書くと
1冊
150万
１５０万円入るという計算です。

１０００万円にするためには
６冊以上は書く必要があります。
見えますか？

いや見えないかな。
６冊はさすがに
やりすぎでしょ。
赤川次郎
赤川次郎さんじゃん、それじゃ。

３冊はどうですか？

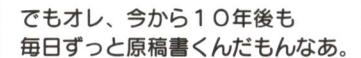

でもオレ、今から１０年後も
毎日ずっと原稿書くんだもんなあ。
そうですよ。１日原稿用紙だと
何枚書けるといいんでしょうか？

小説家の村上春樹さんは１日、
原稿用紙１０枚書くんだって。
村上春樹
どんな時も１０枚、エッセイにそう
書いてた。それくらい書きたいね。

書いたことありますか？
論文なら大学ノートに書いてたけど、
その時は１日でノート１０枚だった。

できそうですね。１冊って原稿用紙
だと何枚くらい必要なんですか？
げんこう
用紙

それは知らないなあ。
でも村上さんのエッセイ見ると
10枚
半年
１日１０枚を
半年間続けるらしいのよね。

それだとざっと
１８００枚ですね。

でも彼のは長編でしょ？　上下巻で
各巻５００ページずつくらい。
上巻
下巻
１冊２００ページの本なら
原稿用紙３５０枚ってとこかな？

毎日１０枚書いたら
１ヶ月半で書き上げられそうだね。
10枚
1ヶ月半

でもさ、書くネタがあればいいけど
なければ書けないよね…

そうやって考えると
急に難しくなるの分かります？

何か一つの素晴らしい作品を必ず
作らなきゃいけないみたいになると、
準備
推敲
準備して推敲（すいこう）して年に１冊出せるか
分からない…みたいになります。

まず完成品を作ろうとしなくていいし、ネタとかもどうでもいいんです。
本を かくこと
本を つくること
事務的に考えると、「本を書く」ことと「本を作る」とでは、全く別のことです。

「ただ書くこと」が好きなら、書いていたら楽しくて勝手にどんどん書き進んでいけます。
一方、「何かを作ろう」と考え始めると、作業は止まります。

あなたは本を作りたい人ですか？ 書きたい人ですか？
本を書きたい！ でも、本を作りたいと思うよ。

大丈夫。あなたは《将来の現実》で毎日１０枚書いてるわけですから、原稿があればいつでも本は作れます。
1冊
１ヶ月半で本１冊分が書けるという計算にしといて問題ありません。

「本を書く」と同じ時間を、「本を作る」ことにも注いでみましょうか。
3ヶ月
つまり３ヶ月で１冊の本が完成するかもしれない、という感じに。

出版されなくてもいいんです。でも自分なりに完成品を作っておく。
１０年続けたら、１年で４冊書く筋力はつきます。

そうすると１５０万円を４冊だから
６００万円になる。なんとなくそれで
150万
×
4さつ
600万
ちょうどいいかも。

あとは連載原稿とかもやってそう
だし、トークショーとか人前で
話すようなこともして、
歌も歌うし、
絵も描くわけだから。

残りは４００万円ですね。
連載原稿１回の原稿料は
どれくらいになりそうですか？
400万

大学の研究室で雑誌掲載用に
エッセイ原稿を書いたことあるん
だけど、１ページで３万円だった。
STUDIO
VOICE
それを１ヶ月に３社で書いたとして
９万円。１年で１００万円くらいか。

いい感じですよ。
残り３００万。
300万

トークはどれくらいかな？
養老孟司さんなら１日２００万
くらい貰えるだろうけど、
オレは無理だろうなあ。

そんな時は自分が企画者だと
思って計算してみてください。
トークショーの。

なるほど。１０年後の僕の
トークショーを企画するなら…
６０人はお客さん呼べそうかな。
1500円
×60人
9万
入場料は１５００円で
まず９万円の売上。

場所代の１万を引いて残り８万を
出演者と折半…じゃ可哀想だから
5万
出演者５万、企画者３万に
する。出演料は５万円だね。

連載よりちょっといい感じか。
なるほど。
年に１０回くらいはやりそう。

ライブもやってそうですか？
確かに。トークと同じ
くらい歌ってそう。

歌のギャラも５万でいいや。
じゃあそれぞれ年間５０万円だから
50万
+
50万
=100万
トークと歌で１００万円。

いいですよ、順当に稼いでます。
残り２００万円！
200万

それを絵で稼ぐわけね。
例えば１枚５万だと４０枚。
5万×40枚

それだと月に３、４枚売るって
ことになるのか、うーん…

月に２枚くらいの感じがする。
半年に１回個展をやって、
12枚
１２枚ずつ絵を売るって感じだね。

１年で２４枚の絵を売るって
ことですね。それだと
9万
24枚
１枚８．５万円、キリよく９万円で
２４枚売れば２１６万円になります。

ジム、お前のおかげで１０００万円
超えるくらいになったじゃん！
いい感じに無理のない売上計算だと
思いますよ。

不可能じゃなさそうだね。
なんだか１０年後
楽しそうだよ。

これで10年後、2011年の
《将来の現実》は、かなり明確に
見えてきた。ジムのお陰だよ。
10年後

はい、私も嬉しいです。
これで設定はほぼ完了かと。
次はどうするの？

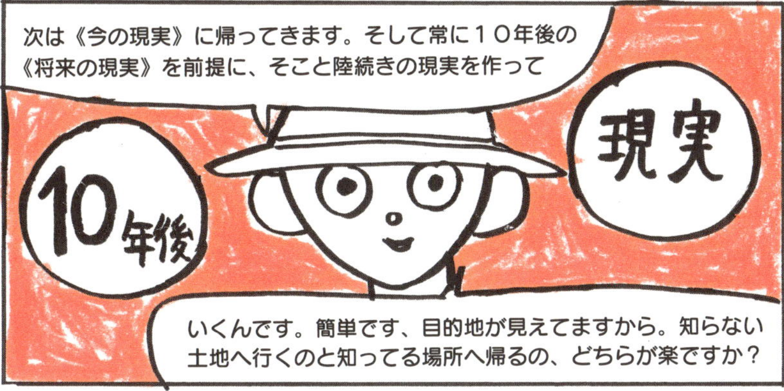
次は《今の現実》に帰ってきます。そして常に10年後の
《将来の現実》を前提に、そこと陸続きの現実を作って
10年後
現実
いくんです。簡単です、目的地が見えてますから。知らない
土地へ行くのと知ってる場所へ帰るの、どちらが楽ですか？

あれ、なんなんだろうね。知らない
場所に行く時と、そこから帰る時とで
時間の感覚が全然違う。
帰るときのほうが
圧倒的に楽だよね。

帰りはもう道が
分かってますからね。

いつも１０年後の《将来の現実》を
完璧に設定しておけば、
迷うことがないのか。

そうです。「迷い」は
青春の副産物じゃないんですよ。

ただ《将来の現実》が見えてないから
当然のように迷っているわけです。
簡単なことです。

これを教えないで、失敗ばかり
伝えるのはむしろ罪です。
そのせいで、どれだけの若い人が
自殺で亡くなっているか…

私がこの《事務》についての本を
『生きのびるための事務』と名付けた
のは、そういった若い人が
生きのびる
事務
迷うことがないように、
地図を作りたいと思ったからです。

ジム、それは今すぐ出版した方が
いいよ。
いや私はただ書くことが好きで、
本を作ることに興味ないですから。

もったいないなあ。でもいつか
オレがジムの本を出版するよ。
さらに１０年後の話ですね。

それまでずっと一緒に
いてくれよ。

もちろんです。私も自分の設定した
現実と別の現実が、赤平と会った
ことで生まれてるみたいで
現実
とても楽しいです。さあ《今の現実》
に戻ることにしましょう。

ほんとタイムマシンだったね。
ウソつき呼ばわりしてごめん。

いいんです。こんな風に湧き水を
飲むみたいに私の話を聞いてくれ
た人は、今までいませんでした。
お陰でこうして生きのびられました。
赤平は私にとっての命の恩人ですよ。

こちらこそありがと。これで気持ち
よく《今の現実》に戻っていけるよ。

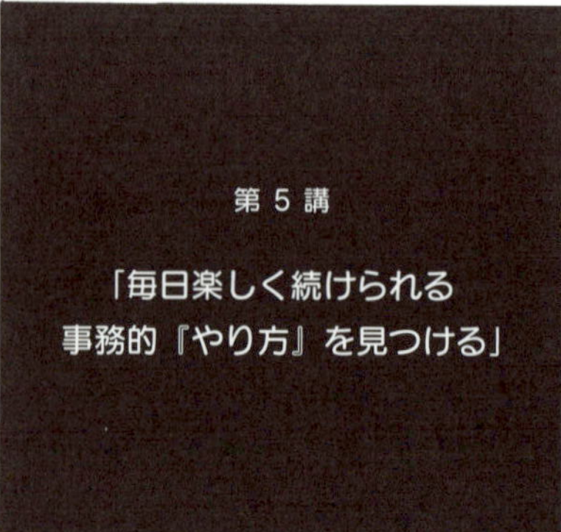
第５講
「毎日楽しく続けられる
事務的『やり方』を見つける」

さて、現実に戻ってきました。

いいなあ、
早く１０年後にならないかなあ。
もう設定は終わったので
１０年後なんてすぐですよ。
上手くいくと
いいなあ。

上手くいくことしか、
やらなきゃいいんですよ。

そうだよね。《事務》として
考えると、失敗はないんだもんね。
《事務》の基本的な思考が
身についてきましたね。

ジム、お前といるとなんでも
できちゃうような気がするよ。

いい流れです。上手くいかないな
と思ってる人は必ず、
上手くいくはずのない
《やり方》をしてます。

上手くいく人は、上手くいくことしかしません。
簡単なことです。《上手くいく》とは、
ただ《やり方が合っていた》
ということだけなんです。

なるほど、そっちの言葉のほうが
分かりやすいね。
さすがだよジム。

ちょっと話は脱線しますが、
人は上手くいかなくなると、
すぐ才能がないとか、自分は
どうしようもないと悩みます。

皆さん、自分を否定する
ことが好きですよね。

でも、その「自己否定」という
《やり方》は間違っています。

間違った《やり方》？

はい。みんな「自己肯定感」
なんて言葉に踊らされていますが、

自己肯定も、おかしな《やり方》です。

肯定するってことは、間違って
いると分かっているのに、

それでもいいやといって
肯定する《やり方》です。

そんなのいらないんです。
そもそも上手くいってたら

《やり方が合っていた》、以上。
自己を肯定する必要もありません。

上手くいかない《やり方》を省みず、
自分自身を無駄に疑って、怒って、

その反動として「自己肯定感」を
生み出そうとしてませんか？

自己を否定したり肯定する《やり方》は、事務的に全く間違っています。
やり方を変えず自己否定

自分について考えるなんて、哲学の勉強もしてないのに、
簡単にできるはずがありません。

否定すべきは《己》ではなく、
己を疑うべからず
方法のみ疑うべし
己が選んだ《方法》のみである。

それだと自分を変えずに《やり方・方法》だけを変えれば、
いいってことだもんね。

はい、そうすればどんなことも上手くいきます。

《上手くいく》ってどういうこと？
それはもう決めたじゃないですか。

あ、１０年後の自分だ！

朝から本を書いて、絵を描いて音楽をやる、
10年後
１０年後のオレだ。

じゃあ、現実でどうすればいいの？

現実だって、１日の様子がもう見えてますよね。
1日の現実

ここでもう一度見直してみましょう。
うん。

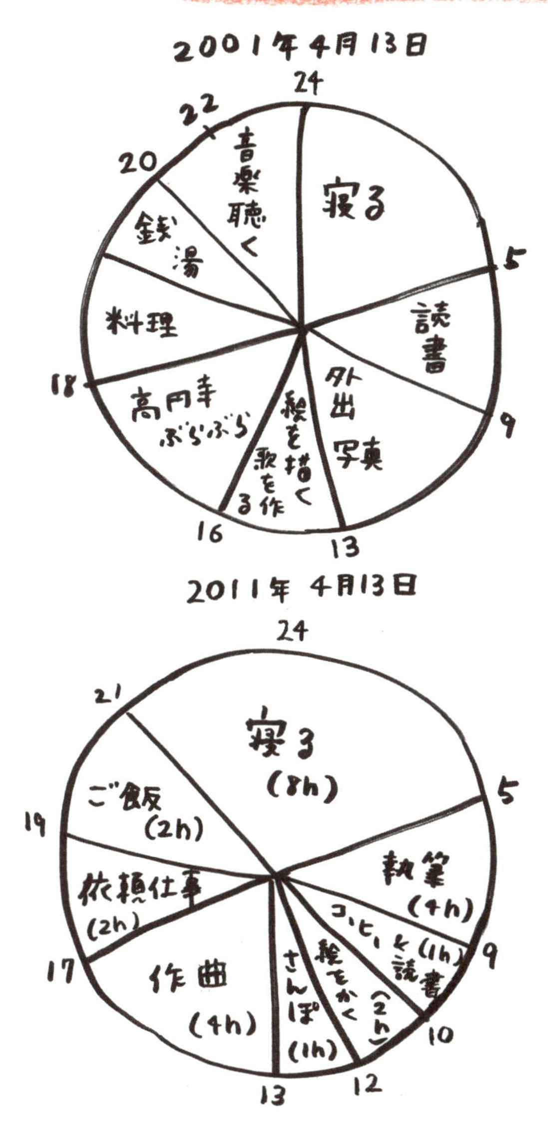
2001年4月13日
24
22
20
5
9
13
16
18
寝る
読書
外出
写真
絵を描く
歌を作る
高円寺
ぶらぶら
料理
銭湯
音楽聴く
2011年 4月13日
24
21
19
17
13
12
10
9
5
寝る
(8h)
執筆
(4h)
コーヒーと読書
(1h)
絵をかく
(2h)
さんぽ
(1h)
作曲
(4h)
依頼仕事
(2h)
ご飯
(2h)

何を変えたら
いいのかな？

《やり方》を変えるんです。
うん、それはもう
分かったんだけど…

《やり方》を変えるって
どういうことなのかな？
じゃあ、ひとつひとつ
見ていきましょう。

まず起きる時間は
５時で一緒ですね。
5:00

この《やり方》は今のままで完璧！
100
点
１００点満点です！

今も１０年後も同じように
やっているね。
はい、だから
上手くいってます。

次は５時に起きてから
やることを確認しましょう。
5:00

今は「読書」となってますが、
１０年後は「執筆」となってます。
読書
執筆
本を読むのと書くの、
どっちがやりたいんですか？

本を読むのは苦手でね、
すぐ寝ちゃうんだ。
それで時間が
経過しちゃってる。

ではそこの《やり方》を、
本を書くという時間にすっかり
本をかく
取り替えちゃいましょう。

さらっと言うね。
簡単です。

いや、簡単じゃないのよ。
と、言いますと？

オレ、何を書いたらいいか
分からないんだけど…

いえ、何を書くかは１０年後の
現実の設定にも入ってないから
10年後
気にしなくて
いいんです。

なんでもいいから書くってこと？

そういうことです。
考えずに書くということが
《やり方》なんです。

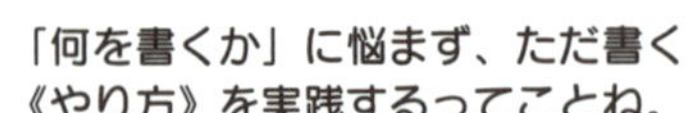
「何を書くか」に悩まず、ただ書く
《やり方》を実践するってことね。

それなら取り組める
気がするよ。

それができていたら、
１００点満点を
100
点
自分にあげちゃい
ましょう。

次にいきましょう、
9時から13時まで。
9:00
13:00

10年後は9時から1時間
ゆっくりして10時から、
2時間絵を描いて、そのあと
1時間散歩してるね。

今も同じように2時間
絵を描いてますから、
現在
10年後
このままでいいですね。

でも作品が増えないん
だよね。
それは毎日作って
ないからですよね?

うん、ムラがある。
じゃあ毎日
作ってください。

毎日作れないから
困ってるのに?
大げさに考えずに、できる
ことだけやればいいんですよ。

まずは適当でいいんです。
能力もないんでしょ？

うん、《才能》もないよ。
やめろって周りに
言われる。

《才能》ってなんのことだと
思います？
いや、分からない。

例えば、私は《才能》が
あるように見えますか？
ジムは《才能》に溢れてるよ、
毎日書き続けているからね。

《才能》っていうのはそれだけです。
いつまでも楽しく好きなことを、
続けられる＝《才能》が
あるってだけです。

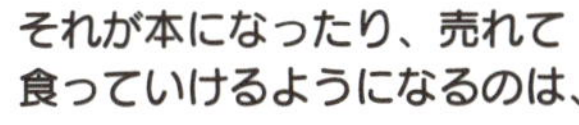
それが本になったり、売れて
食っていけるようになるのは、

才能
評価
《才能》ではなく
《評価》についての話ですよね。

なるほど。

ゴッホは売れずに死にました。

Gogh

でも《才能》はあった。
うん、死ぬ直前まで
描き続けてたからね。

後に時代が変わってその新しさが
他者によって《評価》されたけど、
《才能》と《評価》は別の
ことなんだね。

そして《評価》されることを目的に
してしまうと、《評価》されないと
作るのが嫌になって
しまいますよね。

つまり《評価》を目的とする
《やり方》は間違っています。
ただし、食っていくためには
少しの《評価》が必要になります。

話をまとめますと、何かをすることに
世間の言う《才能》は必要ありません。
私たちが考える《才能》は、ただ毎日
続ける《やり方》でねつ造できます。

この《やり方》に、《評価》を作り出す
《方法》も少し加えましょう。
評価

どうやって作り出すの？

まずは、《評価》される
必要があるものを
定めましょう。

執筆に《評価》は必要
ですか？
必要だね。

では絵と歌は？
絵は必要だけど、
音楽は必要ない気もする。

分かりました。
この二つに少しばかりの
絵
執筆
《評価》が
必要になります。

執筆は誰に
《評価》されたいですか？
執筆

ジムかも？
私はいつでも見ますよ。

あ、でもお金を稼げるように
なりたいかも。

ということは
本にするってことですよね。

どうすれば本になるか
知ってますか？
出版社が本にしたいと
思えば本になりますよね。

そういう現場を
見たことがありますか？

ないよ。
オレが知ってる出版の現場は、
鳥山明（とりやまあきら）とマシリトだけだよ。
なんですか、それは？

知らないの？『ドラゴンボール』
の作者と編集者だよ。
DRAGON
BALL

『ドラゴンボール』の現場を見る限り、出版社よりも
重要なのは編集者だね。

鳥山明の投稿作品だって、最初ははねられていたんだけど、
鳥嶋（とりしま）さんが才能感じてたんだって。

それで鳥嶋さん（マシリト）がけしかけて、一緒にマンガを描き始めるんだよ。『Dr. スランプ』とかね。
Dr.スランプ
アラレちゃん
マシリト
アラレちゃんを主人公にするのもマシリトの意見でね。

つまり編集者がいなかったら本にならないんだって、
オレは思ったね。

そこまで分かっているなら編集者を見つけましょう。
どうやって見つけるんだよ。

簡単じゃないですか。
本のあとがきとか奥付に、
編集者の名前が
印刷されてますよね。

自分の好きな本を選んで、
その編集者に気に入られたら
いいんですよ。

最近読んでる本はなんですか？
雑誌かなあ。

雑誌だと『SPECTATOR』っていう、いい雑誌があってね。
SPECTATOR
HOME
あとは『HOME』っていう
雑誌があって、その雑誌のアート
ディレクターに見てもらいたい。

それでいきましょう。
彼らに《評価》されれば、
仕事も
生まれるはずです。

なんか簡単だね。

じゃあ絵は？
絵画
誰か《評価》
されたい人はいますか？

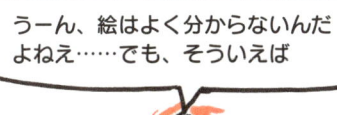

うーん、絵はよく分からないんだ
よねえ……でも、そういえば
この前、友人の写真家から
頼まれたことがあってさ。

越後妻有（えちごつまり）アートトリエンナーレってのが始まってね、町おこしと
芸術の融合みたいな、日本初の試みみたいな感じのやつでさ、
妻有
トリエンナーレ
写真家の友人がコンペに出したいって言うんだよね。

赤平はやったことあるんですか？
いや、一度もないよ。
興味ないもん。

知らないヤツに《評価》される
ことに関心もないから。
コンペ
コンペも試験も
受けたことない。

でも人が気に入りそうな
ことするの得意だから、
写真家
その写真家が目をつけて
プレゼン頼んできたんだよ。

へえ、いいじゃないですか。

で、オレは
最終審査にいけそうな
プレゼンを作ったわけ。

もうそのプロジェクトが決定
しているかのように、
パンフレット
旅行代理店のパンフレットに
したんだよ。リアルじゃないとね。

それを審査員で
面白がってくれるヤツがいれば
通過すると思ったわけ。
誰か１人を仕留めるって
やつですね。

すると本当に通過しちゃって、
今度、審査員会があるんだよ。
ってことはそこに恭平を面白がって
くれてる人がいるってことですね。

舞台は用意されてます。
美術に関しての評価者は、
そこで見つかると思いますよ。

おー、じゃあもう揃ったじゃん。
執筆の評価
美術の評価

そうですよ。事務的な《方法》を
設定して駆使すれば、現実でも
100点
すぐに100点満点で、全てが
上手くいくのが分かりますか？

ちゃんと上手くいく《やり方》さえ
設定できれば、《将来の現実》を
前にしても簡単に思えてきて、
体が軽くなるよ。

《事務》を駆使して無駄な心配を
除去する。これが上手くいくための
唯一の《方法》です。

そんなわけで僕は、
ジムと一緒に組み立てた
必ず上手くいく《方法》を
試してみることにしたんです。

どうなったかって？
それは次回のお楽しみに！
zzz…
でもきっと《上手くいく》に
違いないわけです。

第６講
「事務は『やり方』を考えて
実践するためにある」

今までなんでこの《方法》を
やってこなかったんだろうね。

知らなかったんだから
仕方ありませんよ。
リフティングできますか？

いやできない。野球部だったし
サッカーはやってこなかったから。
サッカー
野球

今までやってこなかったんですから
当たり前です。
リフティングだって今から
《事務》の《方法》を徹底したら
できるようになりますよ。

いや別にいいよ、
リフティング興味ないし。

いいですね、好きじゃないことは
一切やらないでいいんです。

好きなことを継続していくことが
お金に変わるといいけど。

まぁ ゆっくりやっていけば
いいですよ。
どうせ最後は
上手くいきますから。

ジムってそう言えるから
すごいよね。
どうせ最後は
上手くいくかぁ。

はい。では僕はちょっと
外に出かけてきますので。
次は自分で考えた《方法》が機能
するかの実験をしてみましょう。

「実践編」ってことだね。

《事務》は常に
実践のためだけにあります。
初期設定が終わったら、次は
《事務》を駆使していくんです。

コンピューターを駆使していくと
その都度アップデートも必要に
なります。《事務》も同じです。
恭平はギターが得意ですよね。

それはどこかで
習ったんですか？
事務
つまり誰かに《事務》の
《方法》を教わったんですか？

いやピアノは教室で習ってたけど、
ギターは
ピアノ
ギター
完全に独学だよ。

どうやって練習したのですか？

うーん、弾けなかった時のことは
もう覚えてないけど、
WHITE
ALBUM
ビートルズの『ホワイトアルバム』
ってアルバムがあるんだよ。

それをずっと聴いてギターの音色メロディを空で言えるまで覚えてから、
『ホワイトアルバム』の楽譜を買ってね。
The white
TheBEATLES
Album
それを使って弾けるようになるように練習しただけだよ。

毎日弾いてたし、
確実に上手くなっていったよ。

上手くなるための《方法》を
自分で見つけたんですね。

気付いてないけど、みんな実は
《事務》と《方法》を自分で考えて、
事務
実践して
いっているんです。

なるほどね。そして
どうせ最後は上手くいく！

リフティングできましたっけ？
いや、だからできないよ。

それが恭平にとって会社で働くことと、同じなのかもしれません。でも、
どんなことでも《事務》を徹底して継続すれば、できるようになります。

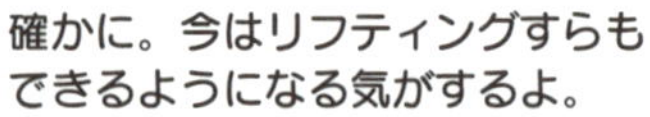
確かに。今はリフティングすらもできるようになる気がするよ。

上手くいく《方法》だけやればいいんだもんね。

じゃあ、
また今度会いましょう。
えっ、ちょっと出かけるだけじゃないの？

大丈夫ですよ。
電話もつながりますし、
私の電話番号は
090-8106-4666 です。

どうせ最後は
上手くいきますから、
そのイメージを
忘れないでください。

そんなわけで
僕は一人になりました。

とは言っても、ジムとは電話で
いつでもつながることができるから
090-
8106-
4666
大丈夫なはずです。

ところが一人でいると
急に不安になってしまいました。

というわけで
僕はすぐ 090-8106-4666 に
電話してしまいました。

なんか一人になったら
突然不安になったんだよね。

何をしたらいいか
決めたじゃないですか。

今、何時でしたっけ？
ん？　今は夜９時だね。

恭平の《１０年後の現実》には
なんて描いてましたっけ？
えっと、
夜９時には寝るって書いてある。

じゃあ、何をしたらいいのか
分かりましたね。

寝るってことか。
はい、よかったです。

いや、ちょっと待って。
不安だから寝れないんだよ。

じゃあ楽しく寝れる《方法》を
教えてあげますよ。

なにか、種はありますか？
無いよ、実家から送ってきた
スイカの種しかない。

あ、それでいいですよ。
え？　それどうするの？

もちろん植えるんですよ。
シーチキン海鮮丼を入れてた
あの丼に植えましょう。

恭平の家の前に桃園川緑道って
道があるでしょう。
桃園川
緑道

そこの一番気持ち良さそうな場所の
土を使ってください。
そんなんで芽が出るの？

どうせ最後は上手くいくんです。
とにかく楽しいことをやってみる。
もう恭平は私の言葉を、騙（だま）された
と思わないくらいには心が
柔らかくなってきたでしょう？

ジムに言われた通り、
僕は家を出て

緑道を歩きました。

5分くらい歩くと、植物が
元気に生えている場所があって

そこでタバコを吸いました。

でも僕はバカだから、丼を忘れたんですね。種だけゴミ袋から
取り出して持ってきていました。持って帰るのもめんどくさかったので、

植栽が沢山植えられているところへ、種を蒔くことにしたんです。

そうして種を蒔きながら
大学の友人のことを思い出しました。

そいつは小鳥のエサだと言って
いつも麻の実を蒔いていました。

そいつの名前はユースケです。

ユースケは
この世は全て
オレの庭みたいなもんだ。
と、言うわけですね。

そんな調子なので、建築学科だったのに設計ひとつしないんですよ。

そのかわりに、公園の水でコーヒーを淹れても捕まらないとか、空き地に椅子を不法投棄して毎日座りに行ったことで得た発見を、
研究結果として大学で発表していました。

大学の成績は最悪で落第しましたが、研究内容が面白いので
採用
ベルギーの実験的な建築集団に雇われました。

そしてのちにレム・コールハースという世界的に有名な
Rem Kool haas
建築家の研究施設のリーダーになりました。

僕はユースケのことを思い出し、
種が足りないと思い、

家に帰ってスイカを取ってきました。

そしてスイカを頬張って、
その種をユースケに捧げるような

気持ちで吹き飛ばしました。

そしてユースケがいつもやっていた
ように、土を掘り返しました。

いつも土は、フカフカなベッド
みたいにしとけって言ってました。

なんだかジムのおじいちゃんにも
似てそうなユースケ。

僕はそんな人が大好きなんですね。

でもその後、ユースケはオランダの
アパルトマンから飛び降りて死んで
しまいました。

躁鬱病で苦しんでいたそうです。

いつか僕は自殺防止のための
活動をするんだと、

そのとき誓いました。

家に帰ってくると、その頃には
すっかり疲れていました。

どうやら2時間くらい
作業していたみたいです。

両手の爪は土で真っ黒に
なっていたんですが、

銭湯に行く気力もなく
寝てしまいました。

熟睡でした。スイカの神様と出会う夢まで見てしまいました。

スイカの神様の顔は
ユースケそっくりでした。

僕は久しぶりに
ユースケの顔を見て、

嬉しくて泣いてしまい、
涙と一緒に目が覚めました。

時計を見ると朝の5時でした。

不思議なことに
不安はありませんでした。

どちらかというと
やる気がある気がします。

ジムは

朝、目が覚めたら
まずやりたいことを
やったらいいよ。

と、僕に言いました。

何よりも先にやりたいことをやる。
ジムとその《やり方》を決めました。

一番やりたいこと、
それが書くことなんです。

僕は友人からもらった
iMac の電源をつけて、

試しに文章を書いてみました。

２００１年4月１４日　今から、原稿を書いてみる。

何を書いたらいいのか分からなかったのに、ジムから教えてもらったやり方で書いてみる。ジムは僕に、何を書いたらいいのかを悩んでも仕方ないと言った。これがすごく楽になった。確かに僕は、何かを書きたいと思っているわけではなく、僕の体の中に何かを書きたい気持ちだけがあるだけで、今、書いてみてるけど、パソコンの電源を入れただけで気持ちよかったような気がする。それまで僕は、作家のような文章を書きたい、僕はジャック・ケルアックが好きなんだから、旅でもしながら、そのときに感じたことを書かなくちゃいけない、話には筋がなければならない、キャラクターたちもそれぞれどんな性格か、どんなドラマが待ち受けているのか、みたいなことばかり考えていた。しかし、それだと書けなかった！　で、今、どうして書けなかったのか、ということはスラスラと書けている！　ただ自分の頭に浮かんだものをそのまま書けばいいんだ。体の力が抜けて、僕はなんでも書けそうな気がした。何かの本を書くんじゃなくて、僕はただ書く。それだけでいい。その練習をここでやっていこう。

僕は無職で、所持金は９０００円しかない。そういう状態ではあるが、１０年後の自分の現実はもうすでに設計した。これをジムは事務と言った。僕も僕なりに事務を進めていこう。ピカソだって、事務員みたいに生きていたんだ。もちろんピカソと僕が同じだとは思わないけど、それでも、芸術家として生きるのに、事務なんていらないって思っていた。しかし、そうじゃないことが分かった。ジムのおかげだ。ジムは『生きのびるための事務』という本を英語でずっと書いてきているのだが、いつかこのジムの本を翻訳したい、というか、翻訳するのは苦手だから、ジムから教わった『生きのびるための事務』を僕は僕で書き上げてみたいと思う。それはこの無職の僕がどのようにして事務をやることで、１０年後、本を書き、絵を描き、歌を作っているかを、ここで書き残していくことで実現するんじゃないか。そんな風に今なら思える。というわけで、自分の状態を研究しつつ、実践に移していく過程全てを書いてみたいと思う。

まずはバイトの予約をしておこう。幕張メッセでの徹夜の仕事で１日３万円。電話をすればすぐに予約ができるので、電話を今しておこう。今月は４回入れそうだ。これで月１２万円は稼げる。家賃は３ヶ月ためているがとりあえず貯金ができるまではためたまま進めていこう。年金と奨学金の支払い猶予は済ませた。経費が合計で７７０００円なので、４３０００円余る。一応、これで生活はなんとかなるだろう。この調子で何年もやりたいのか？　いや何年もやりたくはない。じゃあ、すぐに自分の仕事で食べていけるのか、いや、それもまだ難しいと思う。それを考えると、早めにある程度、収入がもらえる定期的なバイトを探した方がいいと思う。でもこの調子であと半年はなんとかいけるはず。とりあえずその間に方法を整えていこう。

次に仕事である。僕は何をやりたいと思っているのか。毎日、好きなだけ文章を書いて、絵を描いて、歌を作りたい。馬鹿な話、夢想だと両親は言った。しかし、両親はそのうちのどれもやったことがないはずで、分かるはずがない。経験者じゃないと何も分からない、これもジムから教えてもらったことだ。しかし、本を書いて、絵を描いて、歌を作っている人、ってどこにいるんだろうか。まずはそれを考えてみよう。僕はケルアックが好きだが、ケルアックは小説、詩集は出している、しかも絵も描いている。音楽はやっていないが、ジャズバンドをバックにして詩を朗読したことはあるようだ。とても参考になるが、どうやって稼いでいたのかは分からない。ダ・ヴィンチはどうだ。文章も書き絵も描いている。でも音楽はやっていない。でも彼は建築はやっている。そうか、僕は建築もできる。ジャン・コクトーはどうか。文章も書いている。絵も描いている。音楽に関心は高いが、自分で演奏はしていないように見える。ピアノは上手そうだ。レーモン・ルーセルも小説、詩、そしてピアノは上手いが、今度は絵は描かない。アンリ・ミショーはどうだ。文章は書いている、絵も描いている、でもやっぱり音楽まではやっていない。全てをやりこなせている人はほとんどいない。参考になる人がいない。でも、近い人はこれだけいる。どの人も二つくらいまではできるようだ。でも三つ以上となるとほとんどいない。

僕の師匠である建築家・石山修武は建築をし、文章を書き、絵を描いている。三つやっている。やっぱり興味を持っている人はみんな三つ以上やっている。じゃあ、彼はどうやって稼いでいるのか。建築設計は実験的なものばかりで、そんなにお金をもらっているとは思えない。むしろ生計は大学教授で立てている可能性が高い。早稲田大学教授の年収は１２００万円周辺くらいだと先輩に教えてもらった。なるほどそれなら、充分やっていけるし、建築設計でも下手な仕事はしないで済む。大学教授で安定させつつ、実験的な作風の作家という空気を醸し出すために、生計のためではなく、面白い建築設計だけを選んで集中している感じなのかもしれない。しかも、氏は本も書いている。本ではより広い範囲に自分の考え方を伝えることができる。やはり石山さんの人生は僕が生きていく上での一つの具体的な指針になるんだろう。日本で生きていくんだから、日本人の自分の参考になるケースが必要だ。

なんだかすらすらと
簡単に文章が出てきたわけです。

これにはとてもびっくりしました。

ジムと決めた《やり方》が上手く
働いている証拠です。

この《やり方》は僕に
合っているのかもしれません。

文章はいつまでも止まりません。

僕はこの時、見つけたんだと思います。

毎日原稿用紙１０枚以上書く方法を。

どうすればいいかって？
簡単です。

考えるよりも先に、ただ書くのです。

しかし文を書き出しても、
それがすぐに

本になるわけではありません。

でも自分で作った本が一冊ありました。

大学の卒業論文と称して作った『０円ハウス』という自家製本です。

それを出版社に持ち込みたいけど、

どこの出版社に持ち込めばよいか分かりませんでした。

知っているのは『HOME』というかっこいい雑誌を作ってる

アートディレクターの角田（つのだ）さんです。

角田さんは全然知り合いじゃないけど、とりあえず

雑誌を出している出版社に電話してみることにしました。

そしたらすんなり角田さんの連絡先が聞けてしまい、すぐに電話しました。

角田さんは話を聞いてくれて、

なんか面白そうじゃん。すぐに作った本を

事務所に持ってきなよ。

と、言ってくれた。

早速、目黒にある
角田さんの事務所へ

僕は向かいました。

デザイナーの事務所に行くなんて
初めてのことです。そこで

角田さんに会いました。

角田さんは、本当にこの人が
デザインをやっているのかと

思っちゃうくらい、自由な人で、
少年みたいな人でした。

そして僕の本を見て、

すごい、お前
マジでヤバいかも。
と言ってくれて

リトルモアって出版社があって、
そこに持っていったら本に
してくれると思うよ。

と、教えてくれました。

なんだなんだ、行動してみたら
こんなことが起こるのか。

今度はリトルモアに
電話してみようと思いました。

角田さんはアンリ・ミショーの画集やジャック・ケルアック直筆の原稿が

掲載された雑誌も見せてくれました。

やっぱりいいものを見てるからこそ、いいデザインを生み出すことが

できるんだなぁと思いました。

そして角田さんは、
絵を売ることについても

色々と教えてくれました。

ニューヨークのギャラリーは
マフィアと変わらないような人たち
がやってて、もちろん

高値で売れるけど、それより自分で
自由にやったほうがいいよ。

ギャラリーなんかに入らないで、
勝手に自分でやってるお前のほう
が面白いと思うけど。

でも、この本の場合は…

最後に角田さんは、

最初は分かりやすく建築学科を卒業
した人が建築学的に路上生活者の家を

調査した本として見てもらうといいんじゃないかな。

と教えてくれました。

家に帰って、
僕は角田さんの言葉を

思い出しながら『0円ハウス』を
読み返しました。

路上生活者の住居を調査・記録した
この本は、確かに

建築の本とは言えないものでした。

僕はただ、ホームレスって言われて
いるおじさんの生活に衝撃を受けて、

彼らが生きのびるために見出した
知識や教えを学びたかったのです。

彼らの住居こそ家だと思ったし、
さらに言うと僕にとってこれは

ジャック・ケルアックの小説『路上』
に対するアンサーでもありました。

だけどそんな風に話を広げちゃうと、
人に理解されず、本になりません。

僕は

まずは建築学生の僕が
路上生活者を調査した本っていう
ことで、いいのかもしれない。
ほんとは違うけど……

と、思いました。

困ったらジムの言葉を思い出そう。
なんだかジムって人自体が

今では《事務》に思えてきました。

ユースケや、ジムのおじいちゃん、
路上生活者に、角田さんもみんな、
僕の《事務》になっていました。

僕は彼らに《方法》を教わったのです。

お金も何も増えてないのに、
僕は自分の生活が豊かになって

いくのを、はっきりと感じました。

《事務》が上手く動き出して
いたんだと思います。

まだよちよち歩きですが、構いま
せん。ジムに教わったように

毎日少しずつアップデート
させていけばいいのです。

この続きはまた次回に！

最後はきっと上手くいくんです。

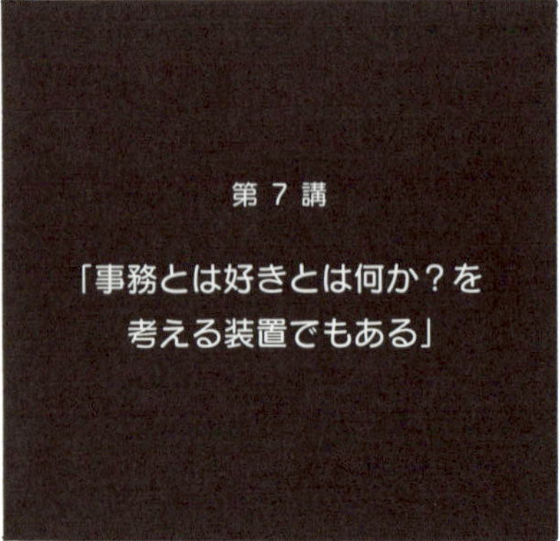
第 7 講
「事務とは好きとは何か？を
考える装置でもある」

突然、玄関が開くと
ジムが現れた。

あれ？　もういなくなったのかと
思っちゃったよ。
昨日は友達の家に
行ってました。

へえ、その人の事務も
担当してるの？
まあ、そんな感じですかね。

でも、戻って来てくれて
よかったわ。
そうなんですか？　私がいて
大変だって言ってたじゃないですか。

そう思ってたけど、
ジムがいなくなると
急に寂しくなっちゃったのよ。

でも私はいつ追い出されても
いいように、いくつか住む
場所はあるので大丈夫ですよ。

どうしようもなくなったときのための《事務》も用意してるんだね。
それでジムがいなかった昨日、
色々と動いてみたんだよ。

いいですね。
実践すると《事務》がむくむくと
動き始めますから、いい流れです！

朝５時に起きて、
そのまま執筆ができたんだよ。
iMac
はじめて！

１日のスケジュールを設定したん
ですから、もちろん書けますよ。

あれ？　驚いてくれないの？

何事もそうですよ。できないって
言ってるのは技術的にできてないわけ
事務
じゃなくて、設定した《事務》の
《方法》が間違ってたってだけです。

いつか本を書こうと思っていても
書けませんが、明日から５時に起きて
１日１０枚書くと決めたら、
どんな人でも書けるんです。

なんだよ、興ざめするなあ。
オレはつい自分が
書くための人間として生まれた
と思っちゃったよ。

あんまり自分のことを、そんな風に
思わないほうがいいですよ。
私はそうは思いません。

自分は褒めるな、自分の
《事務》を徹底して褒めろ。
自分
事務
逆もまた然り。自分を批判するな、
自分の《事務》を徹底的に批判しろ。

ジムって時々格言が飛んでくるよね。
そうですか？

あなたは自分が
天性の作家と思った。
しかし、私は冷めた目で
そんなことないと言うわけです。

このように《評価》は見る人によって違いますし、
日によっても変わっていきます。

他者の《評価》で気分が変わってしまっては、継続して物事を進められません。
いつか筆を折ってしまいます。

ダメな時も
良い時も、自分の
事務
《事務》を《評価》するんです。

「夜９時に寝るなんて人生を
楽しんでない！」と他人から
言われたら、怒りますか？

全く怒らないかも。
つまらない人間でもいいですよ、
僕は明日また朝５時に起きて、
執筆がしたいので帰ります！
と、答えると思う。

落ち込みます？
いや、むしろ清々しいくらいかも。

なぜか 分かります？

なぜかって？　自分の作った
ものをけなされると落ち込むのに、
作品
事務
《事務》に関しては何を言われても
揺るがないのかって？

分からないかも。
そうです、正解です。

それが答えなんです。あなたは自分が
作ったものが素晴らしいのか、自分に
作家としての《才能》があるかどうか、
分からないんです。

だからこそ人の意見に
引っ張られてしまいます。

人は分からないってことに
恐怖を覚え、その恐怖を
恐怖
取り除きたくなります。

でも仕事の本当の《評価》なんて
時間が経たないと分かりません。
人からなんと言われようと、
継続していくことが重要です。

《事務》は分からないものを
明らかにするのではなく、
分からないまま仕事を延々と
継続するためにあるのです。

オレが昨日書いたものを早速
ジムに読んでほしいと思ったけど、
まずは《事務》をしっかりやって
1ヶ月間、毎日執筆してみるよ。

そういうことです。
だって、
あなたの面白さなんか
誰にも分からないでしょう？

面白いんですよ。

作家になるために賞をとる、
絵を売るためにギャラリーに入る、
分かりやすく資格とか取って、

いい会社に入って、できるだけ先が
見えるようにして生きていく。

そんなことして何が
楽しいんですか？

絶対的な安定をめざす人は、いつか
きっと退屈で死にたくなりますよ。

皆さん誤解されてますけど、《事務》
は、「冒険」のための道具なんです。
「冒険」をはじめない限り、
事務なんて存在しないんです。

ジム、今日は熱いね。おかえり！
それでさ、本の出版についてだけど、
アートディレクターの角田さんに
会ってきた。
どうでした？

これが予想以上の自由な人でね。
もっと言うと よくあれで、
角田さん
デザインの仕事ができてるな
ってくらい自由な人だった。

その方にも他人には分からない、
その方だけの《事務》があるんですよ。
いつか教えてもらうといいですよ。

全ての自由な人間は「冒険」を
恐れず楽しみます。そして「冒険」が
あるところに《事務》があるはずです。
自由に振る舞うためにこそ、
《事務》があるんだね。

《事務》は広大なフィールドに線を
引くってことですから、何も考えずに
FIELD
ルールを守っているような人には、
実は《事務》は必要ありません。

で、どうなったんですか？
角田さん『0円ハウス』見てくれて、
リトルモアって会社を教えてくれたよ。

じゃあ次はリトルモアに本を
持って行くんですね。
Little More
いい流れです。この《やり方》で
きっと上手くいきますよ。

そんな気がするよね。
で、どうする？

素直にやるだけですよ。
お金は必要ですか？
本を出すことで？

いや、お金よりも
本を出すという経験が大事だね。
じゃあ印税は0円でいいと
伝えてください。

印税を0円にすると、
まずこちらが身銭を切ってます。
アドバンテージ
身銭を切ると
アドバンテージが発生します。

そうすると
あなたの要求が
通りやすくなるんですよ。

あなたの望みが
一つ叶います。
あなたの望みは
なんですか？

「神龍(シェンロン)」みたいやな。
オレの望みは
世界中でオレの本が売られること。

はい。それでは普通は
日本語しか印刷されないものを
日本語
英語
バイリンガルにしましょう。

英語だけでいいですか？
英語で充分だよ。

じゃあ契約書に英訳も
つけること、と書き足して
10%
重版分から印税１０％と書きましょう。

本が出て、英訳をつけて、
重版分から印税もらえたら
最高っす。
契約書を書いてみるよ。

というわけで、僕は角田さんに
もしもし
教えてもらったリトルモアという
出版社に電話してみたんです。

女性が出てくれました。
あの…
はい

僕は建築学科を卒業した者で、
路上生活者を撮影・取材した
『0円ハウス』という写真集のような
自家製本を作ってまして…

ぜひリトルモアから
それを出版してもらいたくて、
一度見てもらえませんか？

撮影は写真家の方ですか？
いえ、自分で撮影したので
素人です。

さすがに写真家でもない素人が
撮影した写真集を、うちが
出せるとは思えません。
今忙しいので。
と言うと、女性は電話を切りました。

いやあ、スッキリ
断られたねえ。
まあ当然でしょうね。

どうするんだよ！

しばらく経ってから
また電話しましょう。
えっ？

だって角田さんから
リトルモアなら本にしてくれるって
角田さん
言ってもらったんでしょう？

角田さんの直感を
素直に信じてみましょうよ。
それが今回の私たちの《事務》の
《やり方》では自然なはずです。

ということで、
僕はもう一度電話してみました。
もしもし

また同じ女性が出ました。
向こうは僕からの電話だと

すぐ気がついたようです。

あの…角田さんという
アートディレクターがいまして、
僕その人のデザインが
めちゃくちゃ好きで、
連絡してこの本を持って行って
見てもらったんですよ。

すると角田さんがリトルモア
という出版社なら出して
くれるかもしれないから
持っていけと言ってくれたんです。

角田さんって、『HOME』の
デザイナーの角田さんですか？
そうです、そうです。

リトルモア以外に電話する
ところがなくてですね。またかけて
しまったわけです。
…仕方ないですね。

じゃあ作品を見るだけ
ってことで…
ありがとうございます。

そして僕は電話を切りました。

おい、ジム聞いた？
もちろん、やりましたね。

角田さんだって
よく分からないと言いつつ
作品見てくれたんだから、
角田さん
きっと上手くいくはずです。

しかも１週間後ってことは、
前に言ってたトリエンナーレの
面接の日も近いですね。

面接では
何をするんですか？
正直、面接の中身は
どうでもいいんだよね。

でも面接官にホウ・ハンルウっていう
中国人のキュレーターがいてさ、
ホウ・ハンルウ
彼はベニス・トリエンナーレの
凄腕ディレクターでね。

オレはこの人に
『０円ハウス』の自家製本を
見てもらいたいんだよ。

いいですね、とにかく一人の
理解者を見つけることが重要です。
音楽
音楽はどうですか？

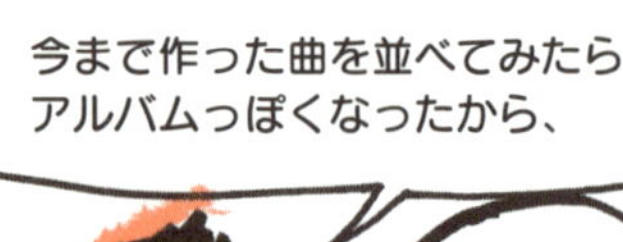

今まで作った曲を並べてみたら
アルバムっぽくなったから、

セブンイレブンでカラーコピーして、
ジャケを作って CD にしたよ。

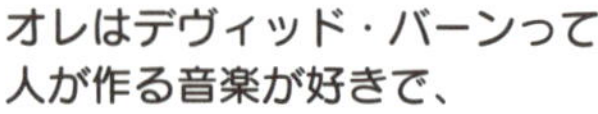

オレはデヴィッド・バーンって
人が作る音楽が好きで、

トーキング・ヘッズの人ですよね。

で、この作ったアルバムを
デヴィッド・バーンに
送ろうと思ってる。

住所は分かるんですか？

デヴィッド・バーンはルアカバップ
っていうレーベルをやってて、

BOP
そこの住所に送って
みようかと思う。

じゃあやってみましょう。
分かった、
送ってみる！

赤平はやろうとしてることは
分かりにくいかもしれませんが、
自分が好きなものが
ハッキリしてていい感じです。

《事務》は「好きな物事(ものごと)」を
進めて行く上でしか
好き
上手く機能しません。

生きてる間にすることって、自分が何が好きなのかを探して、
見つかったら、死ぬまでそれをやり続けるってだけです。
絵
歌
それだけです、人生は。

それ以外の人生もありますが、
どれもつまらない
ただの退屈な時間です。

《事務》は「好きとは何か？」
を考える
装置でもあります。

今 僕は角田さんに教えてもらった
リトルモアに本を持って行って、

ホウ・ハンルウにプレゼンし、
アルバムをデヴィッド・バーン
に送る生活をしてるわけね。

いい感じです。
でもそんなバラバラな
生活をして食べていけるのかね？

お金はどこで稼ぐん
でしたっけ？
幕張のバイトだね、１２万円。

何か問題でも？
今のところはなし。

ということは、今あなたは
現実の中で最高の暮らしを
組み立てることができてます。

確かにそれはそうだ。

なんだか最高の日に
なりそうじゃん。

嫌なことが入りこんでませんか？
ちっとも入りこんでないよ。

他者からの《評価》が不要なことを感じられてますか？

自分自身に「才能」があるのかは分からないけど、好きなことだけやれて、ワクワクしてる。

そうですよ。いつだって《事務》はあなたの分からなさを外敵から守り、
好きなものを明確にしてくれるんです。

オレみたいな無能の人間にも
チャンスが
ある気がするよ。

あなただけじゃないですよ。
おそらく全ての人間に
これが当てはまります。

人々に足りないのは「才能」や「能力」、
「運」ではありません。
才能
運

《事務》なんだね。

恭平、もう分かってきましたよね。

もちろん。

そうして僕はジムのお陰で
ぐっすり眠れるように

なったんです。

１週間後、緑道へスイカの様子を
見に行くと、

芽が出てました。

あのスイカの種から
芽が出ること自体、

奇跡に思えました。

けど、同時にスイカにとっての
《事務》ってなんだろうと

考えると、芽が出るのも不思議
ではない気がしました。

僕は僕なりに決めた《事務》で、
やりたいことを続ければいいんだ。

そのうち、このスイカみたいに芽が
出るんじゃないか。そう思いました。

そんな風に考えながら

まずはリトルモアへ向かいました。

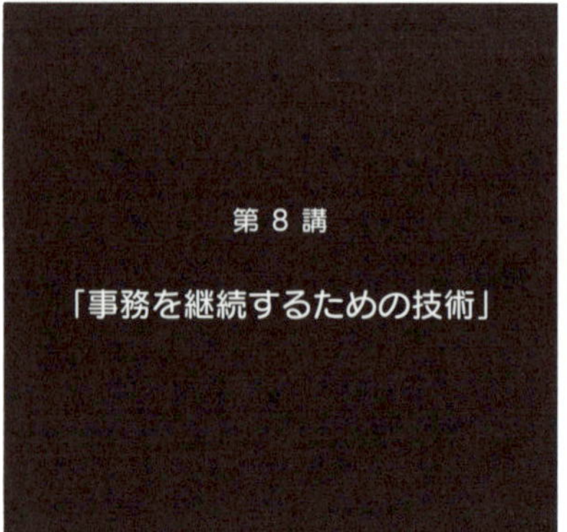
第８講
「事務を継続するための技術」

で、どうでしたか？
ジムは僕が買ってきた
ビールを飲みながら言いました。

モノの１０分で『０円ハウス』
出版したいって、
言ってくれたよ。

ほら、私が言った通り。

いやほんとだよ。電話に出てくれ
た人はすぐいなくなったんだけど、
次に男の人が出てきてさ。

その人が自家製本を見て
くれたら興奮してくれて。
１０分後には、すぐに
企画会議に出してみますって。

契約書、渡しましたか？
うん、渡したよ。

笑われたけど、なんか
最初から本気でいいねと
褒められてね。

浅原さんって人なんだけど、
もともとヤクザのルポライターも
浅原さん
してたみたいで、ヤクザ
っぽくていいって言われた。

いい感じですね。
そうなんですよ、
要求
自分の求める全ての要求を、最初に
した方が仕事は上手く進みます。

仕事が上手くいかない場合の
多くは、最初の要求と確認を
やってないからなんです。

ジムのお陰で、オレが求めてる
こと全部伝えられたよ。
0円
印税0円でいいって。

一見すると、バカなヤツにしか見えない。
でもそれでいいんです。契約も《事務》の行為の一つですからね。

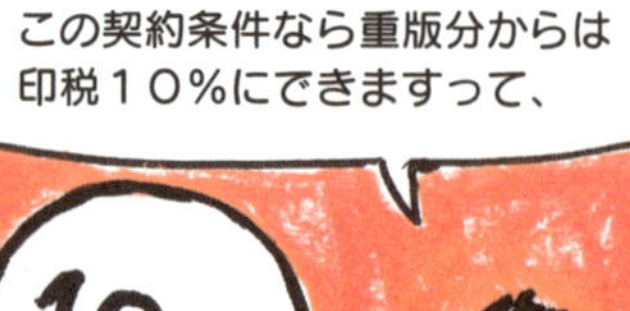
この契約条件なら重版分からは印税１０％にできますって、

10%
浅原さんも言ってくれた。

どうせ最後は上手くいきます。翻訳の件は？
翻訳

最近、リトルモアの本を海外で売ろうとしているらしくてさ、
川内倫子
川内倫子（かわうちりんこ）さんって人の写真集が海外で売れ始めているんだって。

だから他の作家の作品も売ろうとはしてるみたいで、
翻訳の話もオッケー出たよ。

完璧です。恭平、やるじゃないですか！
ジムがそんなに喜んでくれることが嬉しいよ。

出版が決まったら、次の段階ですね。
次は何するの？

もちろん、
会社を作るんです。
会社

会社？
はい、会社です。

いや、オレは
社長じゃなくて芸術家に
社長
芸術家
なるんだけど？

天下一品の芸術家たちは、
みんな会社の社長ですよ。
え、そうなの？

でもまあ、ピカソも
事務員だったわけだし、
確かに
もう驚かないわ。

レンブラント、
ルーベンス。
Rubens
Rembrandt
巨匠だよね。

はい、彼らも
会社の社長です。
え？ そうなの？

はい、どちらも工房を経営してました。それで弟子たちを抱えて、
金持ちたちからの依頼に次々と応えていったわけです。

二人とも名声と富を得た後、美術品などを値段も見ずに収集しまくっています。ルーベンスは書物も相当集めていて、図書館も作っていました。

そうやって
情報・資料を集めて、
さらに技術を向上
させていったわけだね。

はい。恭平が好きなモネも…
印象派の画家ね。彼らは宮廷画家
と違ってインディーズだよね？

いえ、印象派も共同出資会社を
立ち上げてますよ。
えっ！

ピサロの提案で
株式会社を設立しています。

えー！

『画家、版画家、彫刻家等、芸術家の共同出資会社』という
名前の会社です。

Renoir
sisley
Degas
monet
創立メンバーはモネ、ルノワール、シスレー、ドガ、ピサロなど。

みんなじゃん、印象派の。
はい、人前で
発表までされてます。

初めての展覧会の時は印象派という
名前もまだなかったので、
『画家、彫刻家、版画家などによる
共同出資会社の第１回展』と、

名付けられていたくらいです。

日本でも運慶・快慶や狩野派など、
法人化まではしてなくても、
会社とほとんど同じような意味で
集団で制作していましたしね。

確かに。それはなんとなく知ってた。

あのですね、理由があってそうして
いるのであって、無意識に生まれて
いるものなんか一つもないんですよ。
芸術なのに。

芸術だから、ですよ。

その後もアンディ・ウォーホル、
ジェフ・クーンズだって、みんな
法人を立ち上げて
Andy
warhol
Jeff
koons
工房制作をしています。

むしろ、芸術の主流と
言ってもいいと思います。
へえええ

とは言ってもですよ、
別に集団制作のための法人化が
今回の目的ではありません。

《事務》を継続するための法人化です。
だよね！

だから必要以上に
大きくなんかしなくていいんです。
社員
社員もあなた一人で充分です。

会社にするにあたって、
名前は何にしましょうか？

じゃあ「印象派」になる前みたいな
名前でいいんじゃないかな。

オレの会社は「言葉、論理、絵、歌を作る会社」だから、
ことば、ろんり、え、うた・こえ、を適当に全部つなげて、
『ことりえ』って名前にする。

『ことりえ』、いいじゃないですか。
それでいこ。

株式会社にするの？

株式会社と合同会社ってのがあるんですが、
株式会社
合同会社
まあ、どっちでもいいんですよ。

個人事業主ってのもあります。
どう違うの？

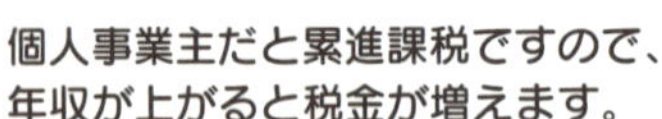
個人事業主だと累進課税ですので、年収が上がると税金が増えます。

税金

株式会社と合同会社はそうじゃないってことね。

はい。でも我々は株を公開して、
株式会社
合同会社
会社を大きくしていく気はないので、
今回は合同会社でいいと思います。

なんと、切り詰めたら
１０万円くらいでできます。

どうせ最後は上手くいって年収は
上がるはずだから個人事業主
じゃないほうがいいね。
個人事業主

１０万円なら
なんとか貯められそうだから
合同会社にするよ。
どうやるの？

もちろん自分で
やることもできますが、
面倒くさいことは
したくないでしょ？

私は行政書士の仕事も
できるのでやっておきます。
10万
その費用が
１０万ってことです。

あ、オレがジムに
１０万円払うのね。

今回は後払いでいいですよ。

会社を作るなんて、
どうやってやるか
分からないから、
考えたこともなかったよ。

誰も教えませんもんねえ。

そんな風に言ってくれる先生とか
いればいいのに。
どんな先生も大抵は会社なんて
やってないから分からないんですよ。

今回は私がやりますが、「定款」って
書類に会社の事業目的とかを書いて
提出して、適当な資本金を会社の
口座に振り込むだけです。

むっちゃ簡単じゃん、
なんでみんな会社やらないの？
わけの分からない会社で
働くより全然いいじゃん。

よし、合同会社ことりえ
立ち上げてみる！

会社を立ち上げることで
これまでやってきたあらゆる
《事務》の全てが、
仕事
《仕事》ということになります。

《仕事》として何をしたのか具体
的に見えてくるってことね。

はい、目的はそれです。
恭平のあらゆる活動が、全て《仕事》と
いう《量》として見えるようになります。

するとその《仕事》にお給料を
給料
払ったりもできるわけだ。

そうです、《仕事》の《量》が具体的に
見えれば見えるほど増えていきます。

会社に雇われて《量》が管理されると
自分で考える必要がなくなりますが、
その結果、中抜きされちゃいます。

《量》を自分で管理するための法人化。印税をゼロにすることも会社として
印税ゼロ
決めるわけね。

そうです。でも会社として印税は
全額もらっちゃいましょう。
え？　詐欺ってこと？

違いますよ。
全額入金してもらって、全額また
Little
More
リトルモアに振り込むんです。

なるほど、そうすると
投資したことになる。
はい、その対価として重版分から
１０％の印税をもらうってことです。

そうするとあなたの収入が
１００万円になるわけです。

100万

なるほど！　…でもそれじゃあ
その分の税金も払うってこと？
いやいや、印刷代として支払えば
経費になるので税金かかりません。

へえ、まだよく分かんないけど、
会社にするのって面白い。
0円のはずが、
売り上げ１００万円になってる。

この具体的な《量》、《数字》が
大事なんですよ。
100万
１年目ですでに１００万円は
売り上げてるわけですから。

確かに！　それは嬉しいね。

楽しいことは、続けたくなるし、
継続すること自体が才能になって、
そして最後はどうせ上手くいく。
恭平、満点です。
出版おめでとう！

まだ企画会議通過してないし、
契約書も結んでないけど。

もう大丈夫ですよ。
プロの編集者が興奮したんですから、
ダメでも他の出版社で本は出せます。

１００万円売り上げれる力が
オレにもあるってわけだね。
100
万円

そういうことです。

しかもオレの会社は、
本も美術も音楽も全部担う
会社ってことだもんね。

売り上げの可能性は
どこにでも無限にありますよ。

なんだか楽しくなって
きちゃったなあ。

でさ、リトルモアのあとに妻有（つまり）
トリエンナーレの最終審査にも
トリエンナーレ
行ってきたんだよ。

楽しみが沢山ですね。
で、ホウ・ハンルウには
会えましたか？

もちろん。

《事務》で決めた予定通り
ですね、いい流れです。

ホウ・ハンルウに『0円ハウス』
の実物を見せてきた。
ホウ・ハンルウはやっぱり
関心持ってくれて！

最終審査の結果のほうは？

もちろん落ちた！

でもホウ・ハンルウが本になったら
すぐにオレの携帯に電話しろって、
パリの住所と
電話番号を教えてくれたよ。

また出ましたね、
数字
具体的な《数字》が。

ブリュッセルで先進的な
アートフェスが始まるから、
アートフェス
そこに招聘したいって言われた。

流れは止まりませんね。

デヴィッド・バーンにも
音源送ってみた。
きっといつかデヴィッド・バーン
にも会えますよ。

この調子で海外でもどこでも、
好きなところに行けばいいんです。
それも全部経費になるってことね。

はい、全て自分からあなたへの
投資ってことになります。
投資

ほんとオレ、会社とか嫌い
だったのになあ。

上司とかウザいじゃん。

そういうのが嫌いなら、
自分で会社をやれば

いいんですよ。

とにかく自分のやりたいことを、
《事務》を継続するために、
法人化するってことだよね。

はい、おみごとです。
法人化
《事務》を強化するための法人化です。

《事務》をさらに強化するってことは、
さらに好きなことだけ継続して
生きるってことだもんね。

恭平は物分かりがとてもいいし、
素直だから、どんどん吸収して
くれますね。嬉しいです。

さあ法人用の実印を
作りに行きましょう！
あ、なんかそれっぽくて楽しいね。

世の中には色んな事務的な
楽しみが沢山あるんです。それを
隅から隅まで味わってください。

楽しいことが待ち受けてるのを
ジムは知ってるって分かるから、
楽しみが倍増するよ。

具体的に形にすることが、いかに
あなたの抽象的で言葉にならない
力を駆動するガソリンになるか、
今からさらに、とくと
見せてあげますよ。

あぶないねえ、これは麻薬だ。

まあ私は《事務》という麻薬の
売人みたいなもんですよ。
DRUG
DRUG

ジムはそう言うと突然立ち上がり、
白目をむいて酩酊(めいてい)したような
フリをして、指を突き立てた。

会社を作ることは、《事務》の
中でも最高のブツの一つです。
一度キマったら
世界が変わりますよ。

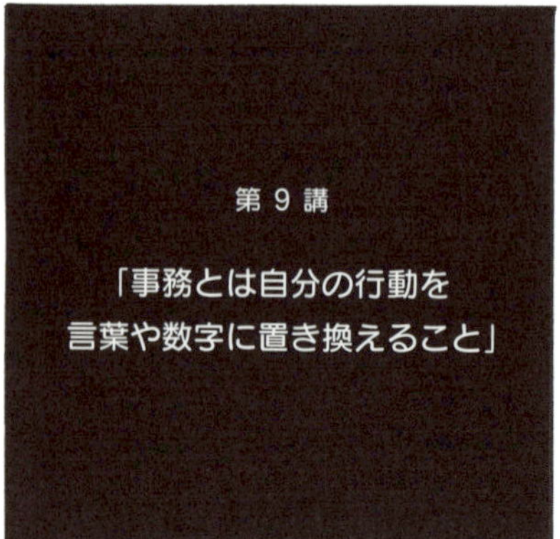
第９講
「事務とは自分の行動を
言葉や数字に置き換えること」

リトルモアから電話があって
『０円ハウス』本当に
企画通過したって！

そりゃそうなりますよ、
印税０円でいいんですから。

重版分からは印税１０％
くれることになったし。
10%

翻訳の件もオッケーに
なりましたか？
うん、でも翻訳代５万円
しか出せないんだってさ。

印税０円なのに
ケチですね。
無理かなコレ？

無理なことは何ひとつ
ないんですよ。

どうすりゃいいのよ。
赤平、あなたの《事務》と同じ
《方法》で考えればいいんです。

さすがにプロの翻訳家に５万円で
２００ページの翻訳を頼むことは
できないでしょうから…
素人にやってもらう？

そうです。とは言っても英語
できない人じゃ無理でしょうから、
翻訳家志望
将来、翻訳家になりたい人を
見つけましょう。大学生とか。

なるほど、それでその人の
《将来の現実》を今すぐ
実践してみるってことか。

はい、それなら５万円でやって
くれると思いますよ。
あなたも０円で
本を出すでしょう？

でも素人にやってもらって
いい翻訳ができるのかな。

そこはネイティヴの翻訳家に
チェックしてもらった方が
いいですよね。
それはオレがやるの？

まさか。今は素人だけど、将来
翻訳家になりたい人であれば、
先生
英語がネイティヴの翻訳の先生が
いると思います。

そのチェックまでお願いして
５万円でやってもらえるかな。
即金で払えばやる気になって
くれると思いますよ。

リトルモアが出してくれたら
いいんですが、
まぁ無理でしょうね。

会社ってすぐお金払えませんから。
社長とかの許可が必要ですし、
印税支払いだって出版の
３ヶ月後だったりします。

でも、私は違います。
どうするの？

とにかく何事も前払い
するんです。
前払い
前払いしてもらったらどうです？

嬉しいよ。
ですよね、他には？

嬉しくてやる気になる。
そして前払いでもらったんだから、
他の仕事より優先させるよね。

今の日本の会社は後払いですが、
それだと納期も遅れるし
あとばらい
いいことは
何ひとつないんですよ。

そりゃそうだ。
でも会社としては、
支払いはできるだけ遅らせる
ってことが重要なんだろうね。

そんな余裕のないダサい態度の
会社はそのうちに潰れますよ。
倒産
潰れないように１日でも支払いを
遅らせるようなケチなヤツは。

潰れる心配がないなら、
支払いを先に
済ませても
問題無いもんね。

好きなことをやるために、支払いを
後回しにする《方法》は、良い《事務》
とは言えません。例えば、
１０年後に潰れることを前提とした
《事務》なんて間違ってますよね。

未来の一番いい状態の
会社ってのをイメージして、
会社
その未来の会社がやるようなことを、
今やるべきってことだね。

私は自分の会社が潰れると
イメージしたことがありません。
だから私の会社は
潰れないんです。

植物と同じですよ。
こっちが枯れると
思ったら枯れます。

植物と向き合う時、その
植物が枯れるイメージを
しないという《事務》ね。

無意識でも、枯れると思ったら
伝わってしまいます。
だから無意識をコントロール
する必要があります。

無意識ってコントロール
できるの？
できません。だから意識を総動員して
無意識に働きかける必要があります。

つまり全ての行動を言葉や数字
に置き換えるってことです。
この円グラフも？

はい、それもそうです。
言葉
1日のこと
《事務》とは「行動を言葉に
置き換えること」とも言えます。

会社も同じように
やるんです。
例えば私は
毎日畑に行きます。

どこにあるの？
そこら中に溢れている
街の植栽コーナーが私の畑です。

ユースケみたいだな、
やっぱりお前も。
同じように あなたも毎日
会社へ行ってください。

オフィスも何もないけど…

家でいいんです。
自宅
ちょっと模様替えすれば。

じゃあ この机の iMac で
原稿書いているから、
ここを会社にしよう。

その机の周りだけでいいから、
バカみたいに、隅々まで綺麗に
掃除してください。
オッケー。

引き出しの中も？
はい。全部取り出して、
どれが必要な道具かを選んで、
不要な物は全部捨ててください。

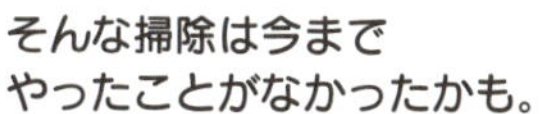
そんな掃除は今まで
やったことがなかったかも。

会社で使う道具の《量》を
確認するという《事務》の基本です。

今後、仕事で必要な物を購入
したら全て経費になります。
領収書
領収書をとっておいてくださいね。

会社っぽいね、なんだか楽しい。
はい、生活の全てに《事務》の
方法を取り入れていきましょう。

《事務》は好きなことを継続する
ための《方法》。つまり会社を
自分で作るってことは、
「生きる」ってことを死ぬまで楽しく
やるための「総合事務」ってことか。

その調子です。
で、翻訳の外注の話に
戻りますが…
外注
どんな取引先も、仕事を頼む時は
契約が決まった日に前払いすると、
やる気満々で取り組んでくれます。

でも今はお金が９０００円
しかないよ、ジム…
9000円

前払いできない時は、人に仕事を
頼まなければいいだけです。
まずは前払いするためのお金を
稼ぎましょう。

今月バイト４日入るから１２万円で、
生活費抜いて４３０００円余るけど、
それだとちょっと足りないから…
4日×3万
=total
12万
バイトもう1日
入れようかな。

ジムは僕が持っている
エレキギターを、呑気(のんき)な顔して
弾いていました。

いい音ですね。

高校に入ったとき、
親が買ってくれたんだよ。
高かったと思う。
Les paul
ギブソンのレスポール。

これ、今使ってます？
家ではね。でも、路上で歌う時は
もっぱらアコギでやってるよ。

じゃあ、これを売りましょう。
えっ？

お金が入るのは早いほうが
いいんです。せっかく
やる気になってるのに、
バイトに明け暮れてたら、何を
やろうとしてたかを見失います。

まずは金目のものを全て売り払って、
この会社をスッキリさせましょう。
Les paul
iMac

この iMac、
必要ですか？
いるよ！

でも５万円くらいになりそうですよ。
レスポールは１０万円。
5万
10万
ちょうど、会社設立費と翻訳代が
併せて１５万円です。

じゃあ原稿を毎日書くのは
どうすればいいんだよ。
そんなの時間決めて
ネカフェでやればいいですよ。

せっかく会社の仕事場作るために
机を掃除したのに。

ここは会社の社長室にして、
インターネットカフェを
書斎ってことにしましょう。
私の畑みたいな
もんですよ。

そんなわけで僕はジムにそそのか
されて、新大久保の楽器屋と、
ＰＣショップで大事な２つの道具を
売り捌（さば）き、１５万円をゲットしました。

次は大学に行きましょう。
どこかの英文科ですね。
オレの弟が通ってる大学は英文科が
盛んだから、そこに行ってみる。

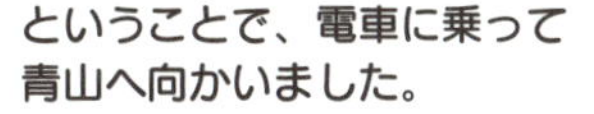
ということで、電車に乗って
青山へ向かいました。

弟 いないなぁ。
まぁいいじゃないですか。大学の
サークル募集みたいにやりましょう。

英語の翻訳家になりたい人
いませんか～？

しかし、こんな変なヤツらのところに
……….
人が来るわけがありません。

僕は落胆し始めました。

おい。
口調は明らかに厳しい感じですが、
笑顔のジム。危険人物に見えました。

本気でやれよ。翻訳者探しに
失敗して損することあるか？
これ、会社の
仕事なんだぞ。

確かにそうです。僕はまだ会社の
仕事という認識がありませんでした。
……….
自分が笑われることを恐れてたのかも
しれません。でもこれは仕事なのです。

世界中の人々に読みつがれる
作家になるための、
大事な一歩なのです。

スイッチが入り、万札５枚を
よだれ掛けみたいにテープで付けて
５万円～！
５万円
～！
キャンパスを練り歩きました。

あの…

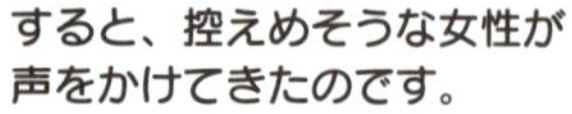
すると、控えめそうな女性が
声をかけてきたのです。

え、翻訳家になりたいの？
英文科？
はい。

ネイティヴ・チェック
できる？

はい。千葉に翻訳家として
何冊も担当してるイギリス人の
先輩がいて、
先ぱい
その人にお願いできます。

5万円しか
ギャラでないけど…
タダでもやりたいくらい
なので、全然いいですよ。

はい、じゃあ5万円あげます。
え、前払いですか？

バイリンガルで出すって
ことは、海外でも出版
するんですか？
そのつもりだけど
まだ決まってないよ。

でも、やるんですね。
ふふ、私も頑張ります。
すぐ仕上げますね。

やりましたね。初めて取引先
への外注が実現しました。
翻訳料５万円の領収書に
サインもしてもらいましたよ。

お金を払うのって、なんか
気持ちいいね。
お金をもらうのも楽しいんですが、
払うのもまた楽しいんですよ。

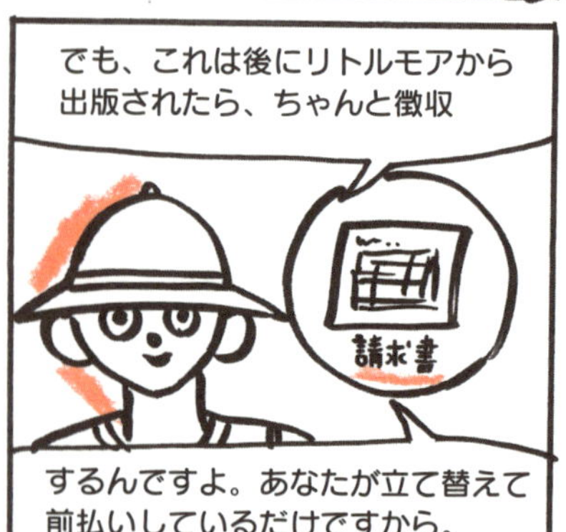
でも、これは後にリトルモアから
出版されたら、ちゃんと徴収
請求書

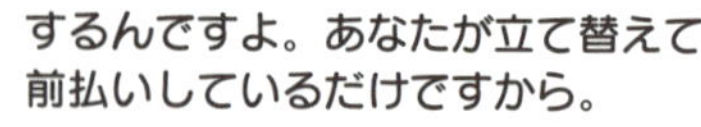
するんですよ。あなたが立て替えて
前払いしているだけですから。

そっかそっか。

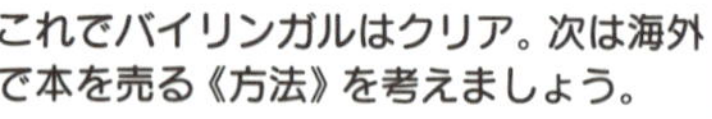
これでバイリンガルはクリア。次は海外
で本を売る《方法》を考えましょう。

え、いきなり？
はい。あなた日本で
有名な人ですか？

いや、無名だよ。
それならまず本は
売れないと思った
ほうがいいですよ。

そんなこと言ったら本当に売れなそうだから、言わないでよ。
植物の時と違うじゃん。

いやいや、もう枯れてる植物に大丈夫なんて言っても無駄ですよ。間違ってます。

植物だって、どこかで先端を、成長線を切ってですね、そのかわり実を大きくして、
確実に収穫したりもするんです。

今回の本の《目的》を決めて、それが必ず上手くいくような《方法》を設定して、
目的
それを実践すればいいんです。

本の《目的》？
ミリオンセラー作家になることですか？

いや、違うね。まず名刺がわりというか、
僕の考えてることを知ってもらうことが《目的》だよ。

そのためには海外の販路を
作る必要があるんです。

まず身近な
日本からじゃないの？
日本では上手くいく
可能性が低いんです。

じゃあアメリカ？
イギリス？
どこの国でも
可能性は低いです。

どうするんだよ。
でも、どこかにあなたを
受け入れる国があるはずなんです。

恭平、ビートルズ好きですよね？
THE
BEATLES

うん、大好きだよ。
なんの曲が好きですか？

そりゃあ『ラバー・ソウル』に入ってる「You won't see me」と、『リボルバー』に入ってる「Got To Get You Into My Life」でしょ。
はあ？

じゃあ『フォー・セール』ってアルバムに入ってる最高の曲「Baby's In Black」は？
FOR SALE
知ってるっしょ？

なんすか、それ？
え？ ここ、ビートルズのことを誰も知らないパラレルワールド入っちゃった？

いや、ビートルズのことは知ってますよ。
HEY JUDE
LET IT BE
「Hey Jude」とか「Let It Be」とか。

それもいいけどさ、さっきの3曲のがいいよ。マジ聴いてよ。
多分それ、多くの人が知らないですよ。

つまり、どんな無名な曲でも、誰かは愛するってことです。

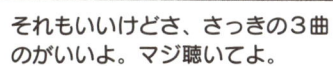

え？ いや、ビートルズと
オレを一緒にするなよ。
いや、
私は一緒にしますよ。

坂口恭平の作品を
愛しているヤツだって、
立派に
ここにいるんです。

そして、私みたいな物好きが、
世界のどこかにはいるんです。
英語訳が入っていれば
その可能性は広がります。

どこの国でもいいんです。届けば。
全世界で営業活動しましょう。
どうやって？

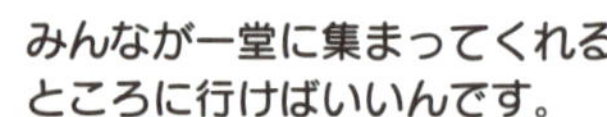
みんなが一堂に集まってくれる
ところに行けばいいんです。

毎年一回、ドイツのフランクフルトで
世界一大きい規模の本の見本市が
あります。それに参加しましょう。

なんだか、いきなり
話がデカくなったなあ。
まだ本も出てないのに。

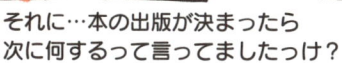

出版さえ決まってたら
問題はないです。
それに…本の出版が決まったら
次に何するって言ってましたっけ？

あ、ホウ・ハンルウだ！
彼にも連絡して
みましょうよ。

フランクフルトに、
ブリュッセルも行くってこと？

もちろん。誰もあなたを知らない
からって、ひるむ必要はありません。

私にとってあなたとビートルズは
一緒です。同じくらいの価値を
持っているんです。私の他にも、
THE
BEATLES
世界のどこかにはいます。
「好き」は世の中の常識を
全て変革する力があります。

ビートルズだって
言ってたじゃないですか。
ALL YOU
NEED
IS
LOVE

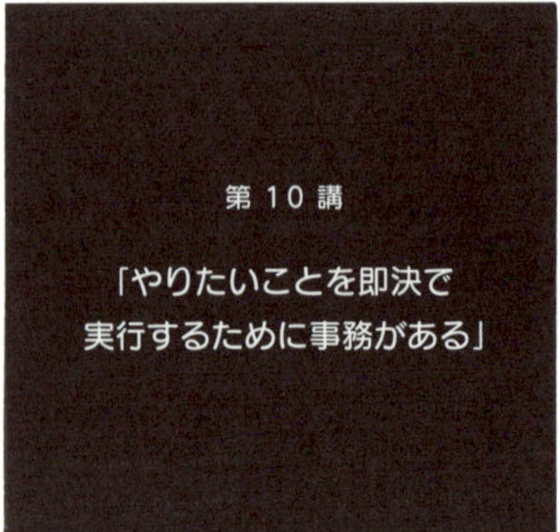
第 10 講
「やりたいことを即決で
実行するために事務がある」

ホウ・ハンルウに電話してみたよ。

なんて言ってました？

「お前マジやりやがったな」って
ホウ、えらく喜んでくれて
今すぐパリに来いって
言われた。

いいですね、
行きましょう。
金ないじゃん。

手元に１０万円あるじゃ
ないですか。
そうだけど、これ
自分の会社のための…

ダサいこと言わないでくださいよ。会社設立のためのお金なら、
私が立て替えておくので大丈夫ですよ。

今 ホウ・ハンルウがパリに来いって呼んでて、それで
paris
すぐ行ったらヤバいじゃないですか。

行きたいんでしょ？やりたいことを最優先、即決で実行するために
事務
《事務》があるんですから。

そうなんだよね。《事務》って言うとどうしても
家計簿とか領収書・請求書書いて、毎月いくら必要で、いくら稼いでみたいなイメージで…

そんな《事務》は一番ダサいヤツです。
それで芸術家ぶって宵越しの金がなくなったら凹むヤツ。

で、パリ行くんですか？
うん、行きたい！

私の中国人の友人・リンが
大久保で格安チケットを
チケット
リン
売ってますから、今すぐ
そこに行きましょう。

ジムがいると話が早いなあ。

で、フランクフルトのブックフェア
にも行きたいから、成田〜パリの
チケットを買って、
成田〜パリ
フランクフルトまでは
電車移動ですね。

全部で大体いくらかな？
飛行機代がリンところで買うと往復
８万円、電車が往復１万円ですね。

じゃあ１万円しか残ら
ないじゃん。宿とか
1万
どうするのよ。

恭平はギターさえ
持って行けば
路上で１日１万円
稼げるんでしょ？

渋谷ならなんとかなる。

それをパリでやりなさい。
マジで？

生活費は現地調達、宿は…
パリに知り合いいます？
ストラスブール＝サン＝ドニに
留学してる友達が住んでる。
女の子だけど…

じゃあ、そこに上がり
込みましょう。
パリの宿はそれで
オッケーです。

赤平は《仕事》でパリに
出張で行くんです。
目的なくただ海外に
旅行するわけじゃありません。

うん。そしてホウはハンパなく
洒落(しゃれ)た中国人だから、
ヤバい場所や人を
知ってるはず。

その情報を全部いただきましょう。
なんか面白そうですね。
私も行きたくなりました。
お前も来るんかい！

ジムもパリに友達いるの？
paris

いませんけど、私は誰とでも
すぐに友達になれますから。
パリでも恭平の
役に立てると思いますよ。

頼もしいね。
ジムなら大歓迎だよ。

じゃあパリへのチケットは
私が買っておきます。
BOOK FAIR
あなたはフランクフルトの
ブックフェアに参加する
ために動いてください。

どうやるの？

日本からもブックフェアに出品
している人がいるはずなんです。
comic
最近、日本の漫画とか
売れてますからね。

なるほど。でもリトルモアは
ブース出してないみたいなんだ。
それなのにリトルモアの本は
海外でも流通して人気らしい。

どうやって流通していってるのか
を、リトルモアに聞いてみて
ください。
そうだね、電話してみよう。

早速 僕はリトルモアの営業部に
電話をしてみました。
リトルモア
営業部

これから初めて本を出すってヤツが
海外で本を売ろうとしてるのかって、
……
…
w
少し笑われましたが仕方ありません。

どうでした？

ちょっと笑われたけど、優しく教えてくれたよ。どうやら、
リトルモアから積極的に売り込みをしてるわけじゃないみたい。

ふーん、じゃあどうやって流れていったんですかね。

営業部の人もよく分かってないみたいなんだけど、オランダに本社がある『IDEA BOOKS』って会社があって、どうやらそこが絡んでるっぽい。
IDEA BOOKS
IDEA BOOKS
『IDEA BOOKS』は世界中の洒落た本を見つけてきて、世界中に流通させるディストリビューターという仕事をしてる会社らしい。

つまり目利きってやつですね。

ぜひ会って話したいところです。
IDEA
BOOKS
直接、彼らとフランクフルトで会って交渉しましょう。

アポも取らずに？
ブックフェアですから普通に
入場料払って行けばいいんです。

その『0円ハウス』の自家製本を
持っていけばなんとかなりますよ。
確かに、この本 可愛いもんね。

ブックフェアには印刷された
本ばかりが並んでるはずです。
BOOK
FAIR

もしかしたら目玉になるかもしれ
ませんよ。フォーマルな場所では
アンフォーマルなことを求める
酔狂な人が意外といたりすんですよ。

恭平が『IDEA BOOKS』の
腕利きディストリビューターで、
ディストリビューター
年収1500万
年収１５００万円くらい稼いでいる
ヤツだとイメージしてみてください。

いいね。世界中を飛行機で飛び回り、
洒落た本を探し回ってる日本人。

英語がしゃべれなくて日本語で
打ち合わせしてるけど、目利きが

いい感じだから、沢山 給料もらっ
てる感じ。みんなに愛されそう。

いいですね、イメージ豊かです。
そのあなたがブックフェアにいて、

浮浪者みたいな格好したヤツが
自家製本持っきてたら、見ます？

もちろん。本のことなんかよく
分かってないビジネスマンばっかり
で退屈してたところに、

そんなヤバそうな自家製本持って
きたら俺から行くね。見せろって。

ほら、イメージできた。
なんかいけそうじゃないですか？

確かに。

《事務》が上手く進んでる時は、
必ず関節も上手く動きます。

目利きも関節の一つです。

美術で言うと、恭平の場合
ホウ・ハンルウになります。

ホウが関節になります。

関節がダサい芸術祭なんか最悪です。
でもヨーロッパは日本と違って
間違いは犯しません。

洒落てないヤツが芸術祭のディレクター
になることは、まずありませんから。

ここまで《事務》が上手く進んで
いるので、ブックフェアでも
きっと『IDEA BOOKS』の

目に留まりますよ。

《事務》さえしっかりやれば
本来アポなんて必要ありません。
やりたいことやってる人同士なら
出会った時が話す時ってことね。

そうです。でもその瞬間が起きる
のは、あなたが本当にやりたいこと、
一生続けていきたいこと、
楽しいこと、嬉しいこと、喜びを
持って、つまり《事務》を
やり続けている時だけです。

その精神で
フランクフルトに向かえば、きっと
ただ旅行してるだけの人には見えない
世界の時空が姿を現すはずです。

では早速 明日、
空港へ向かいましょう。

上手くいく時は全部話が早いです。その日にパリ行きのチケットを買って

翌日、早速ジムと僕はヒッチハイクで成田空港へ向かったのです。

お金に余裕がないので、できるだけ経費を抑えて、しかも稼げるように

ギターも持っていくことにしました。

成田空港に到着しました。

ありがとうね

Narita Term

ヒッチハイクした車をおります。

ジムと僕はパスポートを持って、

搭乗手続きを済ませました。

そしてジムとは別の席なので、

搭乗口で別れました。

ジムはリンの計らいで、
エールフランスの
ビジネスクラスに乗ってました。

僕はエコノミーでした。
Water please?
Thank you.

移動中、僕は窓の外の空を見ながら
ビートルズの『ホワイトアルバム』を聴いていました。

約１５時間のフライトを経て、
着陸時間がきました。
シートベルトを、お締めください。

そして僕とジムは、フランスの
シャルル・ド・ゴール国際空港に
降り立ったのです。

それから僕たちは
地下鉄に乗るために、

駅へ向かいました。

恭平、今から無賃乗車しますから、
このトミーという黒人の後ろに
くっついていってください。

我々はお金がないんですよ。

トミーを神様だと思って
ついていってください。

改札を乗り越えるトミーを
真似して同じように、

僕も改札を飛び越えます。

しかし足を引っ掛けて転んでしまい、
フランス人に大笑いされました。

でも誰も僕を咎(とが)めません。

トミーのお陰で無事に
地下鉄に乗ることができました。

トミーは神様です。

こうして僕たちは
パリへ着きました。

パリ、久しぶりに来ましたよ。
もう楽しいですね。
恭平、次はどこへ？

１１区にカフェ・シャルボンっていう
アール・ヌーヴォーの時代の建物を
活かした店があるらしくて。
CHARBON
そこのカウンターでホウ・ハンルウ
を呼べば、ギャルソンが電話で
呼び出してくれるんだってさ。

なかなか洒落てますね。じゃあ
早速 向かいましょう。

僕は手に自家製本を、肩からギターを
下げてます。僕もジムも面倒だからと、
着替えも持ってきてません。

でも、この旅は楽しくなるなと、
思いました。楽しい時は、
楽しいヤツらとしか出会いません。
神様トミーもそうでした。
僕はこれからの幸運を確信しました。

第11講
「どうせ最後は上手くいく」

あそこですね、
カフェ・シャルボン
って。
ジムが指差してる先には、
カフェがありました。

確かに薄汚れたテントに
カフェ・シャルボンって、
CARBON
CAFE
書いてあります。

店先にも席があって、
人々が音楽に耳を傾けたり、
飲んだり、語らったりしています。

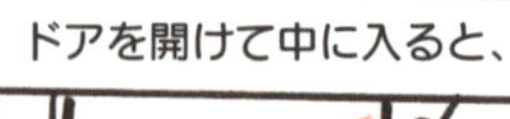
ドアを開けて中に入ると、

Hi!
すぐ声をかけられました。

小柄な中国人、ホウ・ハンルウが
キョウヘイ!
すでにそこにいたのです。

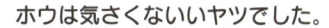

ホウは気さくないいヤツでした。
なんと言うか、軽いヤツです。

恭平お前、面白いよ。面白さが言葉にならない感じがいいね。
それで何がしたい？

よく分からないんだよね。絵を描いて文章を書いて歌も歌って、自殺防止の活動もしたいし、総理大臣にもなりたい。
いいねいいね、そういう時代がそのうちって言うか、今きてる。それができるのが恭平だよ。

なんか僕は話しながら
初めての感触がありました。

僕が話してることが夢物語じゃなくて、「当然でしょ、それが今でしょ」って現実に通じちゃってることが、
心地よくて面白かったんです。

今はベルギーの
ブリュッセルが
面白くてね。
BRUSSELS
PARIS
ロンドン、アムステルダム、
パリにも2時間で行ける。

そこでアルゴス・フェスティバル
って芸術祭が始まるんだけど、
そこのディレクターに
なったんだよ。

で、お前の作品も
出すことにしたから。
え？　いきなり？

うん。展示は10日後から始まる。
もう世界中からキュレーターも
コレクターも集まってる。恭平も
すぐブリュッセルに来なよ。ハハ

パリにもう少し滞在してから
フランクフルトに行って、
その後なら…

そっか、じゃあパリで
ジェロームにも会っておきな。
ジェローム？

ジェロームはフランスに新しくできたばかりの現代美術館、
Palais de Tokyo
パレ・ド・トーキョーの頭だよ。

ジェロームと会えば小遣い稼ぎの仕事ぐらい
もらえるかもしれん。

そう言うとホウはすぐジェロームに電話して、
僕がそのうち行くことを伝えました。

じゃあ１０日後ブリュッセルで。
用が済むとホウはさっさと席を立ち、僕とジムはテーブルに残りました。

ホウ・ハンルウ、あの人ちょっとおかしいんじゃないかな。
いやすごくまともな人ですよ。

じゃあ、１０日後に展示が始まる芸術祭に参加するってこと？
もちろんです。ジェロームにもすぐ会いに行きましょう。

そして僕とジムはジェロームに
会うために電車に乗って、

パレ・ド・トーキョーへ向かいました。

ポンデラルマ駅で降りて

セーヌ川が目に入りました。

あ、パリにきてるんだなぁ。

そう感じて、僕は中学生の頃に
描いた自分の絵を思い出しました。

エッフェル塔とセーヌ川、
そして川べりで絵を描く自分の姿を、

描いたことがあったんです。

中学生の時は芸術家になる夢を
抱いていました。小学生の時は、

建築家になると言っていました。

そんなわけで
早稲田大学の建築学科に入学し、

家で絵も描いていたわけですね。

なんか夢で見た姿と今を比べると、
そのまんまじゃん、と
思いました。

私は実験によって少なくとも
次のことを学びました。

もし人が、みずからの夢の方向に自信を
持って進み、頭に思い描いたとおりの人生を
生きようとつとめるならば、
普段は予想もしなかった成功を
収めることができる。

確かにジムを見てたら
そう思うよ。

いや、これは『森の生活』という
本を書いたソローの言葉です。

へえ、あのソローもそんなこと
言ってたんだ。好きなんだよ。

俺さ、小学生の時から
建築家か芸術家になろうと
思ってて。高校の先生に
建築家になる《方法》を聞いたら
知らなくてさ。怒ってたんだよ。

少なくとも日本の学校の先生は、
自立して生きる道を
知りませんよ。

手厳しいね、ジムはいつも。

はい。だって彼らは皆、我々が
払ったお金で食べているんですから。
《事務》の視点で見ると、
彼らは先生ではありません。

はは、痛快だね。そんなわけで、

俺も自分で先生を探すしかないと
思って図書館へ行ったわけよ。

建築雑誌を２０年分くらい
全部読み返してさ。

いい《事務》ですね。自分の道を見つけるには、
まず先人の道を見つけないといけません。

そうしないと先人と同じ道を歩いて
いるのに、これは自分の道だ、
オリジナルだ、なんて調子こいた
ことを言い出しますからね。
そんなやり方は間違ってます。

あるのは《オリジナルの事務》です。
ソローからそう教わりました。

自分で調べて作り上げた《事務》は、
作品とその人の人生に反映されて、
目に見えないところまで
事務
人々に全部伝わっていきます。

全く同じものを作ったとしても、
《事務》を経ているものと、
《事務》を経ていないものとでは、
歴然とした違いがあります。

前にデュシャンの話をしましたよね。
うん。
あの便器を展示した人だよね。

私はあの作品の実物を見ましたが、
物自体はただの便器です。
Duchamp
でも《事務》を経ているから
芸術になっているんです。

私たちはあの便器を実際に見て
知っているわけじゃないですよね？

うんうん、写真で知ってるだけ。
「泉」

私もあのモノクロ写真は芸術だと思いました。アメリカの写真家、アルフレッド・スティーグリッツが

撮影したものです。

デュシャンは１９１５年に第一次世界大戦の戦禍から逃げるため、

アメリカへ移住しました。、そこでスティーグリッツと出会います。

スティーグリッツは近代写真の父と言われていて、写真家としても超一流なんですが、写真はただ記録するためのものではなく、芸術作品として

世界に扱われるような環境を設計したのも彼なんですね。
ピカソをアメリカに最初に紹介したのも彼です。

スティーグリッツは金持ちの子供で、幼い頃から

芸術に触れていました。

彼の家はコレクターでした。そして彼自身は数学が得意で、

さらには工学もベルリン工科大学で研究しています。建築ですね。

その後、
カメラと出会い写真家に転向し、

金があるので自分で雑誌を作って
写真家や芸術家を紹介するんです。

さらにはニューヨーク市の５番街
２９１番地でギャラリーを始め、
そこでセザンヌ、ピカソ、

マティスなどアメリカでまだ知ら
れていなかった芸術家を展示します。

今でいうMoMA（ニューヨーク
近代美術館）ですね。その役割を

通称「２９１ギャラリー」で
先んじておこなっていました。

デュシャンはその噂を聞きつけ、
スティーグリッツに会いに行き、

便器を「２９１ギャラリー」に
展示するわけです。

で、作品よりもスティーグリッツの
写真作品だけが一人歩きし、

そこから現代美術が始まった、
なんて今では言われているんです。

私はマルセル・デュシャンより、
スティーグリッツこそ

天才的な芸術家であり、
優秀な事務員だと思っています。

はい、到着しましたよ。
パレ・ド・トーキョー。

この建物の前にある通りが
もともとは「Avenue de Tokio」
（東京通り）という名前で、
そこからパレ・ド・トーキョー
と呼ばれるようになりました。

通りの名は第二次世界大戦後に
敵国だったという理由から「ニュー
ヨーク通り」に変わりました。
ニューヨーク
通り
でも、ここはパレ・ド・トーキョー。
東京宮殿、昔の名前を残しています。

そもそもは１９３７年のパリ
万国博覧会にあわせて作られた
近代美術宮殿という名でした。

さっきのスティーグリッツの
話とつながるような話じゃん。
お前の《事務》案内ヤバすぎるよ。

早速入りましょう。恭平は無名な
芸術家ですよね。まずは、
チケット売り場に行ってみましょう。

休みで入れなかったりしてね。

きっと大丈夫ですよ。
「合言葉」忘れ
ちゃったんですか？

どうせ最後は
上手くいく！

「生きのびるための事務」
おしまい

あとがき

坂口恭平

2024年3月18日執筆

この本は、僕の20年前の生活を元に描かれています。初めての本がいよいよ出版されるというまさにその時に僕が考えていたことを詰め込んだつもりです。当時はまだ自分の仕事でお金も全く稼げていませんし、1冊目の本はなんとか出版にこぎつけましたが、その後、ずっと本が書けるとも思っていませんでした。それでも、なぜか根拠のない「きっと上手くいく」という確信があったんです。たとえ問題が起きたとしても、シンプルに一つずつ起きた順に対処していけば別に死ぬことはないんだし、大丈夫だと感じてました。それはジムがいたからです。もちろん現実の世界では目に見える存在ではありませんが、僕の中にずっとイマジナリーフレンドのようにジムがいました。何も後ろ盾も味方もいない中、不安で押しつぶされそうになる自分を励ますために、必要に迫られて生まれてきたんでしょう。ジムは今も僕の心の中にいます。いつも二人で生きのびてます。ここではジムと二人でその後どういう行動を起こしていったのかを書いてみたいと思います。

パレ・ド・トーキョーのディレクターに出会うとホウ・ハンルウの紹介だったので歓迎されました。誰の紹介、というのがとても大事だと知りました。美術館で展示の企画までは実現しなかったのですが、ディレクターがパリの先鋭的な雑誌を紹介してくれて10ページぶち抜きで特集してくれました。でもノーギャラでした。ジムは「ノーギャラでいい、自分の仕事を世界に紹介する宣伝費だと思え」と言いました。ロンドンとパリでは主要な書店も全て回って売り込みをし、その後フランクフルトのブックフェアにも行きましたよ。全部自費でしたが必死にバイトして向かいました。とにかく現場に行くと全てが分かりますし、変わります。ブックフェアでいろんな人に本を見せ続けた結果、僕の本はニューヨークのMoMAに置かれることになり、そこでバンクーバー州立美術館のブルースという素敵な学芸員が僕の本を見つけます。彼はそのまま高円寺の四畳半の僕の家にまでやってきて、なんと1年後にバンクーバーで個展を開催することになりました。

無事に日本で本は出版されたのですが、もちろん無名ですからそんなに売れません。それでも僕は出版だけでなく、パリのホウ・ハンルウ、バンクーバーのブルースとの出会いによって、ヨーロッパとカナダの美術の世界にも活動の場を広げることになります。各地で展覧会に参加しましたが、もうすでに美術のルールが定まっているヨーロッパでは惨敗しました。しかし、バンクーバーでは建築と美術と出版を同時にやろうとしている僕の考え方が上手くピントが合ったのか、美術家として受け入れてくれました。僕が部屋で毎日描いていた絵を気に入ってくれる人まで現れ、その絵は1枚50万円で売れたのです。日本ではほとんど活躍できませんでしたし、お金も稼げなかったのですが、毎年バンクーバーの人が絵を10枚ほど買ってくれてました。そんなわけで日本では無名なのに毎年500万円稼いで生活をしてました。

そのおかげで、日本で売れてもないのに、僕はバイトを辞めることができました。そうなるとこっちのものです。僕はジムと組み立てた未来の日課通りに生活しはじめました。毎日原稿を10枚書き、絵も1枚は描き、音楽の作曲も始めました。もちろん、それらは作ったとしてもバンクーバー以外では全く売れませんでした。でも僕の目的は売れることではなく、思い描いた生活をとにかく継続することです。そんな生活が継続すれば、それだけで僕は嬉しいのですから。そんな中、大震災が起き、2011年に僕は故郷である熊本へ戻って生活をはじめることになります。妻と結婚し子供もできました。僕は震災で政府が混乱しているのを見て、ジムと相談し、新しく自分でも政府を作ってみることにしました。新政府と名付けて活動をはじめ、そのことを2012年に『独立国家のつくりかた』という本にまとめ、それが6万部くらい売れたんです。本の価格が900円でしたから印税は一冊90円。6万部売れると540万円になります。絵も毎年500万円売れていました。ジムと出会ったのが2001年ですから、ほぼ10年で計画通りに年収が1000万円を超えました。

それからさらに12年が経過しましたが、年収が前年より下回ったことがありません。最初は個人事業主でしたが、現在は株式会社ことりえという会社の代表取締役です。社員は僕と妻だけです。今では娘と息子も歌や絵を作り販売するようになってます。自分で本を出版するようになり、自分で美術館を作りそこで絵を販売してます。物欲は全くなく、創作意欲しかないので、お金が減りません。ジムの言う通り、残ったお金は今後の活動資金としてどんどん貯蓄してます。現在、10年は無収入だとしても毎日24時間創作に集中できる環境を作り上げました。今では本を書き、絵を描き、歌を歌い、陶芸をし、料理本を出し、セーターを編み……とさらに「よく分からない人」と思われてますが、事務を徹底させることによってどんな人だと思われてももう気にしなくなりました。自分がやりたい好きなことならば、誰よりも時間を割けますし、誰よりも貪欲にやるのですから、上手くいくのは当然です。最初売れなくても、1000個くらい作り続けるとどんなものでも好きになってくれる人はいるので、しっかり生活の糧になることが継続の経験を通じて分かってきました。

2012年から僕は「いのっちの電話」と呼んでいる死にたい人のための電話サービスを始めました。ただ僕の電話番号090-8106-4666を公開し、24時間365日適当ではあるがいつも僕につながるというものです。今では1日15人、年間6000人ほどの電話を受けてます。もちろん全て無料です。これもジムから教わってはじめたことです。もう5万人くらいの声は聞いてきてます。死にたい人に僕は何を伝えているのか？　そうです。電話に出るのは僕ですが、そこで口にしているのは、ジムがこの本で僕に伝えてきたことです。死にたい人に慰めの言葉をかけるのもいいのかもしれませんが、僕は死にたい人にこそ事務の素晴らしさを伝えてます。そうすることで生活自体が変化するからです。

20年前、僕はなんとか自分が作るもので生活をしていくことを目標にしてきました。そして、それはジムのおかげで10年で達成できました。そして、僕はジムとこれからどうやっていくのかをよく話しあっています。僕がジムに伝えたのは「これから20年かけて自殺者をゼロにしたい」ということでした。ジムは深く頷（うなず）き、目標に向けての計画を立てようと答えてくれました。僕とジムの物語はまだまだ終わらないようです。むしろ、これからが本番なのかもしれません。

皆さんもぜひこの本を読んで、自分の中のジムに声をかけてみてください。きっと姿を現してくれるでしょう。

事務のことを考える、というのは、つまりは、あなたが小さい頃から本心でやりたいと思っていることを実現するための方法、ですから。どんな人にも必ず実現したいことがあるのです。そのことを忘れずにいたら、必ずジムが楽しいアイデアをたくさん教えてくれますよ。

初出
◎はじめに・第 1 講〜第 11 講＝「POPEYE web」2023 年 2 月〜2024 年 4 月
◎あとがき＝書き下ろし
◎単行本化にあたり、修正・加筆を行いました。

生きのびるための事務

2024年5月16日　第1刷発行
2024年11月7日　第10刷発行

著者　坂口恭平　道草晴子

発行者　鉄尾周一
発行所　株式会社マガジンハウス
〒104-8003　東京都中央区銀座 3-13-10
［編集部］03-3545-7010
［受注センター］049-275-1811
印刷・製本　大日本印刷株式会社

編集　関谷武裕
装丁　藤田裕美

ISBN978-4-8387-3270-8 C0095